RurUfer-Radweg

„Drei Länder, ein Fluss“

Von der Quelle im belgischen Venn durch Eifel und Börde zur Mündung in die Maas in den Niederlanden

Ein original *bikeline*-Radtourenbuch

Esterbauer

bikeline®-Radtourenbuch
RurUfer-Radweg

A-3751 Rodingersdorf, Hauptstr. 31
Tel.: +43/2983/28982-0, Fax: -500
E-Mail: bikeline@esterbauer.com
www.esterbauer.com
2., überarbeitete Auflage 2009
ISBN: 978-3-85000-179-3

Bitte geben Sie bei jeder Korrespondenz die Auflage und die ISBN an!

Erstellt in Kooperation mit dem Rureifel-Tourismus e.V.

Dank an alle, die uns bei der Erstellung dieses Buches tatkräftig unterstützt haben, im besonderen an: B. Freialdenhofen; J. Hußmann, Wegberg; J.+R. Thurlings, Eindhoven; W.+A. Simon, Meckenheim

Das *bikeline*-Team: Heidi Authried, Beatrix Bauer, Michael Bernhard, Michael Binder, Veronika Bock, Karin Brunner, Sandra Eisner, Roland Esterbauer, Angela Frischauf, Gabi Glasstetter, Dagmar Güldenpfennig, Carmen Hager, Heidi Huber, Martina Kreindl, Eveline Müllauer, Gregor Münch, Niki Nowak, Julia Pelikan, Petra Riss, Erik Schmidt, Gaby Sipöcz, Matthias Thal, Claudia Tscheuschner, Martin Wischin, Wolfgang Zangerl.

Umschlagbilder: Veronika Bock: Rur; WVER Thorsten Engels: Burg Hengebach; WVER Manuela Horreg: Apfelquadrat;

Bildnachweis: Centre nature Botrange: 19; Ges.f.Kultur u. Marketing mbH: 50, 52; Heinsberger Tourist-Service e.V.: 56, 58, 60, 64, 66, 68; Monschauer Land Touristik: 28, 33; Monschau Touristik: 22, 24; Rureifel Tourismus: 16; Veronika Bock: 7, 18, 20, 26, 27, 30, 32, 42, 45, 46, 54, 62, 70, 72L, 74, 75; WVER Manuela Horreg: 49; WVER Rureifel Tourismus: 40, 72R; WVER Thorsten Engels: 31, 34

Kartografie erstellt mit axpand
(www.axes-systems.com)

Dieses Buch wird empfohlen von:

bikeline

Was ist bikeline?

Wir sind ein Team von Redakteuren, Kartografen, Geografen und anderen Mitarbeitern, die allesamt begeisterte Radfahrerinnen und Radfahrer sind. Ins „Rollen" gebracht hat das Projekt 1987 eine Wiener Radinitiative, die begonnen hat Radkarten zu produzieren. Heute tun wir dies als Verlag mit großem Erfolg. Mittlerweile gibt's bikeline® und cycline® Bücher in fünf Sprachen und in vielen Ländern Europas.

Um unsere Bücher immer auf dem letzten Stand zu halten, brauchen wir auch Ihre Hilfe. Schreiben Sie uns, wenn Sie Unstimmigkeiten oder Änderungen in einem unserer Bücher entdeckt haben.

Wir freuen uns auf Ihre Rückmeldung (redaktion@esterbauer.com),

Ihre bikeline-Redaktion

Vorwort

Begleiten Sie die Rur von ihrer Quelle bei Botrange im Hohen Venn über die Eifelhochfläche mit ihrer Schluchtwaldlandschaft im Monschauer Land bis zum Rursee mit seinen fjordähnlichen Buchten. Im Bereich der „Rureifel" hat sich die Rur tief eingegraben und verläuft in starken Windungen durch zerklüftete Felsformationen aus Buntsandstein. Schließlich weitet sich das Tal und rund um die Kreisstadt Düren bis nach Linnich geht es weiter durchs Grüne, obwohl Sie nahezu unbemerkt durch ein Braunkohlerevier radeln. Danach durchfahren sie Weide- und Wiesenlandschaften in der Jülicher Börde, der einstigen Kornkammer des „Heiligen Römischen Reiches". Auf dem letzten Stück vor der niederländischen Grenze öffnet sich die Rurniederung in der Freizeit-Region Heinsberg trichterförmig und geht in die weite Maasebene über. In den Niederlanden folgen Sie der Roer – anders geschrieben, gleich ausgesprochen – bis Sie in Roermond letztendlich in die Maas mündet.

Präzise Karten, genaue Streckenbeschreibungen, zahlreiche Stadt- und Ortspläne, Hinweise auf das kulturelle und touristische Angebot der Region und ein umfangreiches Übernachtungsverzeichnis – in diesem Buch finden Sie alles, was Sie zu einer Radtour auf dem RurUfer-Radweg benötigen – außer gutem Radlwetter, das können wir Ihnen nur wünschen.

Kartenlegende

Radrouten

Hauptroute, wenig KFZ-Verkehr

- asphaltiert (main cycle route, low motor traffic)
- nicht asphaltiert (main cycle route, unpaved road)
- schlecht befahrbar (main cycle route, bad surface)

Radweg / Hauptroute, autofrei

- asphaltiert (cycle path, without motor traffic, paved road)
- nicht asphaltiert (cycle path, unpaved road)
- schlecht befahrbar (cycle path, bad surface)

Ausflug od. Variante
(excursion or alternative route, low motor traffic)

- asphaltiert (excursion or alternative route, paved road)
- nicht asphaltiert (excursion, unpaved road)
- schlecht befahrbar (excursion, bad surface)

Ausflug od. Variante, autofrei / Radweg
(excursion or alternative route, without motor traffic /cycle path)

- asphaltiert (excursion or alternative route, paved road)
- nicht asphaltiert (excursion, unpaved road)
- schlecht befahrbar (excursion, bad surface)

- sonstige Radrouten (other cycle routes)
- ooooooooo Radweg in Planung (planned cycle path)
- xxxxxxx Radweg gesperrt (closed cycle path)
- Fährverbindung (ferry connection)

KFZ-Verkehr (vehicular traffic)

- Radroute auf mäßig befahrener Straße (cycle route with moderate motor traffic)
- Radroute auf stark befahrener Straße (cycle route with heavy motor traffic)
- Radfahrstreifen (cycle lane)
- mäßig befahrene Straße (road with motor traffic)
- stark befahrene Straße (road with heavy motor traffic)

Steigungen / Entfernungen (gradient / distance)

- starke Steigung (steep gradient, uphill)
- leichte bis mittlere Steigung (light gradient)
- 3 Entfernung in Kilometern (distance in km)

Durch Rundung auf halbe Kilometer können Differenzen zu den tatsächlich gefahrenen Kilometern entstehen.

- Routenverlauf (cycle route direction)
- UTM-Gitter(2km) (UTM-grid)

Radinformationen

- Fahrradwerkstatt* (bike workshop*)
- Fahrradvermietung* (bike rental*)
- überdachter Abstellplatz* (covered bike stands*)
- abschließbarer Abstellplatz* (lockable bike stands*)
- Gefahrenstelle (dangerous section)
- Text beachten (read text carefully)
- Treppe* (stairs*)
- Engstelle* (narrow pass, bottleneck*)

Nur in Ortsplänen

- P Parkplatz* (parking lot*)
- P Parkhaus* (garage*)
- Post* (post office*)
- Apotheke* (pharmacy*)
- H Krankenhaus* (hospital*)
- F Feuerwehr* (fire-brigade*)
- Polizei* (police*)
- Theater* (theatre*)

* Auswahl (* selection)

Maßstab 1 : 50.000

1 cm ≙ 500 m   1 km ≙ 2 cm

0 1 2 3 4 5 6 7 8 9 10 km

Wichtige bzw. sehenswerte thematische Informationen

- Schönern sehenswertes Ortsbild (picturesque town)
- Einrichtung im Ort vorhanden (facilities available)
- Hotel, Pension (hotel, guesthouse)
- Jugendherberge (youth hostel)
- Campingplatz (camping site)
- Naturlagerplatz* (simple tent site*)
- Tourist-Information (tourist information)
- Einkaufsmöglichkeit* (shopping facilities*)
- Kiosk* (kiosk*)
- Gasthaus (restaurant)
- Rastplatz* (resting place*)
- Unterstand* (covered stand*)
- Freibad (outdoor swimming pool)
- Hallenbad (indoor swimming pool)
- Kirche, Kloster (church, monastery)
- Schloss, Burg (palace, castle)
- Ruine (ruins)
- Museum (museum)
- Ausgrabungen (excavation)
- andere Sehenswürdigkeit (other place of interest)
- Tierpark (zoo)
- Naturpark, -denkmal (nature reserve, monument)
- Aussichtspunkt (panoramic view)
- Fähre (ferry)

Topographische Informationen

- Kirche (church)
- Kapelle (chapel)
- Kloster (monastery)
- Schloss, Burg (castle)
- Ruine (ruins)
- Turm (tower)
- Funk- und Fernsehanlage (TV/radio tower)
- Kraftwerk (power station)
- Umspannwerk (transformer)
- Windmühle (windmill)
- Windkraftanlage (windturbine)
- Wegkreuz (wayside cross)
- Gipfel (peak)
- Bergwerk (mine)
- Leuchtturm (lighthouse)
- Sportplatz (sports field)
- Denkmal (monument)
- Flughafen (airport, airfield)
- Schiffsanleger (boat landing)
- Quelle (natural spring)
- Kläranlage (purification plant)

- Staatsgrenze (international border)
- Landesgrenze (country border)
- Kreisgrenze, Bezirksgrenze (district border)
- Wald (forest)
- Felsen (rock, cliff)
- Vernässung (marshy ground)
- Weingarten (vineyard)
- Friedhof (cemetary)
- Gewerbe-, Industriegebiet (commercial area)
- Dünen (dunes)
- Gletscher, Watt (glacier, shallows)
- Damm, Deich (embankment, dyke)
- Staumauer (dam, groyne)
- Autobahn (motorway)
- Hauptstraße (main road)
- untergeordnete Hauptstraße (secondary main road)
- Nebenstraße (minor road)
- Fahrweg (carriageway)
- Fußweg (footpath)
- Straße in Bau (road under construction)
- Eisenbahn m. Bahnhof (railway with station)
- Schmalspurbahn (narrow gage railway)
- Höhenlinie 100m/50m (contour line)

Inhalt

RurUfer-Radweg

Der RurUfer-Radweg wurde in mehreren Ausbaustufen von 1984 bis 1999 errichtet. Er ist eine landschaftlich überaus reizvolle Tour von Botrange, dem höchsten Punkt in Belgien (696 Meter) durch die Kreise Aachen, Düren, Heinsberg bis in die Niederlande. Sie folgen der Rur von der Quelle im Hohen Venn bis zur Mündung in die Maas im niederländischen Roermond.

Im Süden steht die Eifel mit idyllischen Tälern, Wäldern und Burgen im Vordergrund, weiter nördlich sind es die weitläufigen Flussauen, welche meist unter Naturschutz stehen.

Im Südwesten erfolgt der Übergang vom Hohen Venn in die Eifelhochfläche. Das Monschauer Land ist ein Teil davon, es erstreckt sich von Kalterherberg bis hin zum Rurstausee. Das Hohe Venn, kaum gegliedert, bildet einen starken Gegensatz zu der tief von der Rur und ihren vielen Zuflüssen eingeschnittenen Hochfläche. Die tiefeingeschnittenen, schmalen Kerbtäler mit ihren bewaldeten Steilhängen werden von schroffen Felspartien durchzogen und bilden eine Schluchtwaldlandschaft.

Von der Talsperre Schwammenauel bis Kreuzau befindet sich die Rur im Bereich der „Rureifel". Durch starkes Gefälle hat sich die Rur tief und steil in den Untergrund eingegraben. Starke Windungen des Flusses bedingen hier sogenannte Umlaufberge (z. B. der Meuchelberg zwischen Hasenfeld und Heimbach). Hinter Heimbach wird das Tal weiter, nun ist auch genügend Platz für geschlossene Siedlungen. Hier prägt der Buntsandstein, wild zerklüftete Felsen und senkrecht aufragende Felstürme, das Landschaftsbild. Viele von diesen Felsformationen stehen unter Naturschutz.

Zwischen den Eifelausläufern und der Zülpicher Börde fließt die Rur ab jetzt durch dichter besiedeltes Gebiet. Sowohl der wirtschaftliche, als auch der industrielle Schwerpunkt, beginnend in Untermaubach über Kreuzau, Düren, Jülich bis hin nach Linnich, zieht sich wie eine Kette entlang der Rur. Metallverarbeitung, Maschinen- und Apparatebau, Textil-, Chemie-, Glas- und in erster Linie typisch für diesen Raum, die Papierindustrie sind hier anzutreffen. Eine große Zahl dieser Betriebe benötigen für die Produktion das weiche Wasser der Rur. Deshalb wurden Nebenarme zu beiden Seiten künstlich geschaffen, um das notwendige Wasser zuzuführen. Sie werden als Mühlenteich, -bach oder Teichbach bezeichnet und münden irgendwann wieder in die Rur.

Nun fließt die Rur durch die Jülicher Börde. Weite, offene Ackerflächen mit darin verstreut liegenden Dörfern begleiten den Wasserlauf. Einst die Kornkammer des „Heiligen Römischen Reiches" ist sie heute noch eine der fruchtbarsten Landschaften Deutschlands.

Auf dem letzten Abschnitt in der Freizeit-Region Heinsberg vor der niederländischen Grenze geht die trichterförmig geöffnete Rurniederung in die weite Maasebene über. Einst säumten hohe Pappeln kilometerlang die Rurufer zu beiden Seiten, jedoch findet man sie seit der Regulierung immer seltener am Flusslauf. Verstreut liegende Altarme und Herrenhäuser prägen jetzt die Niederungslandschaft. Korbweidenanbau war einst Grundlage für das Korbmachergewerbe mit überregionaler Bedeutung, ist jedoch heute nur noch vereinzelt anzutreffen. Fördertürme und Bergehalden in Hückelhoven und Ratheim sind Zeugen 1. der ehemaligen Zeche Sophia-Jacoba und 2. des ehemaligen Steinkohlebergbaus in der Region.

Für 450 Meter verläuft dann die deutsch-niederländische Grenze genau in der Mitte der Rur. Auf der niederländischen Seite wird die Rur nun Roer geschrieben, jedoch gleich ausgesprochen. Eine Regulierung hat nie stattgefunden, daher sieht sie hier noch sehr ursprünglich aus. Darüber hinaus ist für das Grenzgebiet der Spargelanbau sehr charakteristisch. In der Maasniederung teilt sich die Rur schließlich in zwei Mündungsarme. Die Roer durchfließt das westliche Stadtgebiet von Roermond, unter der alten Bogenbrücke hindurch, vorbei an der Bischofskathedrale St. Christoffel und mündet schließlich in die Maas.

Streckencharakteristik

Länge

Die Gesamtlänge des RurUfer-Radweges beträgt **166 Kilometer**. Varianten und Ausflüge sind dabei ausgenommen.

Wegequalität & Verkehr

Die Wegequalität auf dem RurUfer-Radweg ist je nach Abschnitt und Region recht unterschiedlich. Sehr bunt gemischt kommen auf der Gesamtstrecke asphaltierte Nebenstraßen, teils unbefestigte, teils asphaltierte Land- und Forstwirtschaftswege, wassergebundene Uferwege und asphaltierte Begleitradwege vor.

Mit Steigungen müssen Sie im Bereich der Eifel rechnen. Von der Rurquelle bis einige Kilometer vor Düren werden Sie ständig mit leichteren, aber auch stärkeren Steigungen konfrontiert. Die restliche Wegstrecke – etwas mehr als die Hälfte der Gesamtstrecke – weist keine Steigungen auf.

Verkehrsreiche Abschnitte gibt es nur einige wenige am Oberlauf in der Eifelregion, da hier manchmal auf normale Straßen ausgewichen werden muss. Weiter im Norden verläuft die Route lange Strecken auf Uferwegen direkt am Fluss und weist somit gar kein Verkehrsaufkommen auf.

Beschilderung

Die Route ist durchgehend beschildert, jedoch noch nicht mit einem einheitlichen Logo.

Tourenplanung

Wichtige Telefonnummern:

Intern. Vorwahl für Belgien: 0032
Intern. Vorwahl für die Niederlande: 0031
Intern. Vorwahl für Deutschland: 0049

Zentrale Infostellen

Rureifel-Tourismus e. V., An der Laag 4, D-52396 Heimbach, ✆ 02446/80579-00, Fax: 80579-30, info@rureifel-tourismus.com, www.rureifel-tourismus.de

Monschauer Land Touristik e. V., Seeufer 3, 52152 Simmerath-Rurberg, ✆ 02473/93770, Fax: 937720, info@eifel-tipp.de, www.eifel-tipp.de

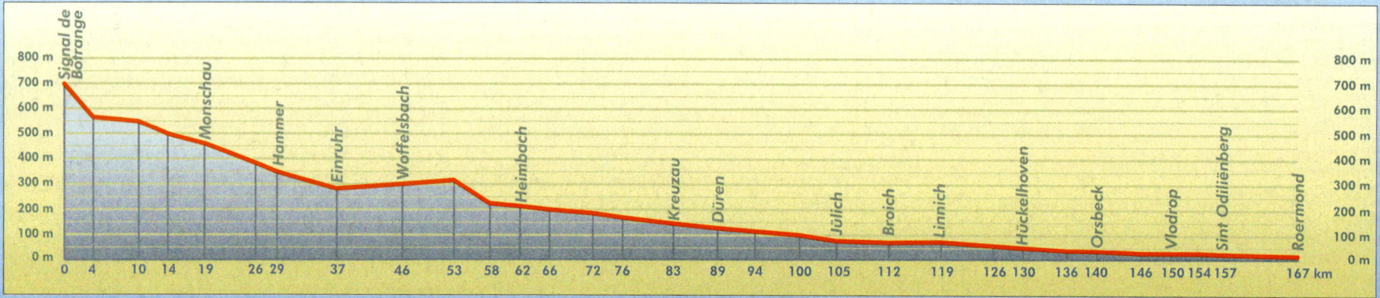

Monschau-Touristik GmbH, Stadtstr. 16, 52156 Monschau, ✆ 02472/80480, Fax: 4534, touristik@monschau.de, www.monschau.de

Rursee-Touristik GmbH, Franz-Becker-Str. 2, 52152 Simmerath-Einruhr, ✆ 02485/317, Fax: 319, info@rursee.de, www.rursee.de

Heinsberger Tourist-Service e. V., Valkenburger Str. 45, D-52525 Heinsberg, ✆ 02452/131415, Fax: 131419, info@hts-info.de, www.hts-info.de

Verkehrsamt der Ostkantone, Mühlenbachstr. 2, B-4780 St. Vith, 080/227664, Fax: 226539, info@eastbelgium.com, www.eastbelgium.com

Anreise & Abreise

Es ist leider nicht möglich mit öffentlichen Verkehrsmitteln direkt zum Startpunkt in Botrange anzureisen. Die Bahn bringt Sie jedoch in die Nähe und zwar bis Aachen und Heimbach in Deutschland bzw. bis Welkenraedt in Belgien. Hier können Sie sich entweder für einen Shuttlebus entscheiden oder Sie steigen bereits jetzt auf das Fahrrad, um nach Signal de Botrange zu gelangen.

Mit dem Zug nach Aachen und weiter nach Welkenraedt: Ab München über Frankfurt/Main und Köln nach Aachen bestehen stündliche Verbindungen mit der Bahn. Von Berlin aus können Sie im Zwei-Stunden-Takt über Dortmund anreisen. Ab Aachen besteht die Möglichkeit mit der Bahn bis Welkenraedt zu fahren. Die Fahrradmitnahme auf diesem Abschnitt in Belgien ist möglich, jedoch besteht Reservierungspflicht für die Fahrräder. Danach müssen Sie auf Ihr Fahrrad oder einen Shuttlebus, welcher bis Botrange führt, umsteigen.

Der Transport **mit dem Shuttlebus** kostet z. B. für: bis zu 3 Personen + Fahrräder von Hbf. Aachen € 60,–, von Welkenraedt Bhf € 45,–. Nähere Infos dazu erhalten Sie bei:

Travel Service Eupen Reisebüro, Haasstr. 36, B-4700 Eupen, ✆ 087/560995, Fax: 560996, E-Mail: info@travelservice.be; www. travelservice.be

Oder sie fahren mit der Bahn über Düren nach Heimbach: Mit der DB nach Düren, (z. B. ab Frankfurt/Main stündliche Verbindungen mit 1-2 Mal umsteigen; von Köln nach Düren gibt es laufend gute Verbindungen). Anschließend nehmen Sie die Rurtalbahn (Service Center: Kaiserpl. 10, Düren, ✆ 02421/200222) bis Heimbach.

Mit dem Fahrrad vom Hbf Aachen: Am Ende des Vorplatzes, den Bahnhof im Rücken, links auf die Lagerhausstraße, weiter am Marschiertor in den Boxgraben und links in die Mozartstraße, diese geht über in die Hohenstaufenallee, danach links in die Habsburgerallee und weiter rechts in die Maria-Theresia-Allee, weiter am Martelenberger Weg und rechts in den Höfchensweg, rechts in die Straße Am Chourusberg welche schließlich in den Grindelweg übergeht, schießlich rechts in die Eupener Straße bis zur belgischen Grenze. Nach der Grenze geht es dann rechts Richtung Hauset(erhof) weiter bis zum Wegknotenpunkt 17, danach den Wegknotenpunkten 18, 27, 29, 30, 44, 42, 41, 55, 54, 84 und 83 folgen. Hier ist der RurUfer-Radweg erreicht und es bestehen nun zwei Möglichkeiten weiterzufahren: entweder nach links Richtung deutsche Grenze/Monschau, über Wegknotenpunkt 86, Küchelscheid und Knotenpunkt 38 des Kreises Aachen, danach weiter dem RurUfer-Radweg folgen. Bei der zweiten Möglichkeit rechts Richtung Signal de Botrange über Wegknotenpunkt 80 und 76, beim Erreichen der N 676 rechts nach Signal de Botrange zum Startpunkt abbiegen.

Mit dem Fahrrad von Heimbach:
Vom Rurstausee (bei Heimbach) nach Botrange passieren Sie die Orte Monschau und Kalterherberg. Sie radeln hier durch eine landschaftlich sehr ansprechende Gegend.

Abreise: Für die Abreise von Roermond bzw. Dalheim (in Deutschland) über Mönchengladbach nach Düsseldorf und in das Ruhrgebiet bzw. über Rheydt nach Köln bestehen ausgezeichnete Bahnverbindungen.

Informationsstellen:

Österreichische Bundesbahnen:
CallCenter ✆ 05/1717 (österreichweit zum Ortstarif), www.oebb.at

Radfahrer-Hotline Deutschland:
✆ 01805/151415 (€ 0,14/Min.),
Mo-So 8-20 Uhr, Infos über Fahrradmitnahme, -vermietung oder -versand
Einen 24-Stunden-Service bietet die Bahn unter der ✆ 01805/996633.

Reise Service: ✆ 0180/5996633 (€ 0,14/ Min.), Mo-So 0-24 Uhr, Auskünfte über Zugverbindungen, Fahrpreise, Fahrpreise im In- und Ausland, Buchung von Tickets und Reservierungen, www.bahn.de/bahnundbike, weiterführende Infos zu Rad&Bahn unter www.bahn.de/p/view/mobilitaet/fahrrad/bike/01rad_mitnahme.shtml.

Automatische DB-Fahrplanauskunft:
✆ 0800/1507090 (gebührenfrei aus dem Festnetz), ✆ 01805/221100 (€ 0,14/Min. aus dem Mobilfunknetz).

ADFC: weitere Infos und aufgeschlüsselte Einzelverbindungen unter www.adfc.de/bahn

Hermes-Privat-Service:
(✆ 0900/1311211 € 0,60/Min.),
www.hermes-logistik-gruppe.de,
unter der Rubrik Paketservice erfahren Sie die genauen Zustellzeiten und die aktuellen Preise.

Fahrradtransport

Fahrradmitnahme in Deutschland: Die Züge, die den Service der Fahrradmitnahme anbieten sind in Fahrplänen, Kursbüchern etc. entsprechend gekennzeichnet.
In vielen **InterCity (IC), EuroCity (EC) und D-Zügen** ist der Transport im Tagesreiseverkehr problemlos. Im **DBNachtZug (NZ)** ist die Mitnahme auf den meisten Linien ebenfalls möglich (gegen Kauf einer Fahrradkarte). Eine Stellplatzreservierung ist erforderlich, diese ist kostenlos.
Die **CityNightLine (CNL)** bietet auf allen Linien eine Fahrradbeförderung an. Räder aller Art werden (auch ohne spezielle Verpackung) gegen einen Preis von € 10,– (innerdeutsch € 9,–, für BahnCard-Besitzer € 6,–) mitgenommen. Ausnahme: Tandemräder nur auf Anfrage und für Fahrradanhänger müssen Sie einen eigenen Stellplatz buchen. Die Reservierung ist kostenlos, muss jedoch im Voraus erfolgen.

Fahrradversand in Deutschland funktioniert der Versand über den KurierGepäck-Service. Er bringt Ihr Fahrrad und auch ihr Gepäck, von Haus zu Haus, d. h. Sie benötigen für die Abholung und Zustellung eine Privatadresse. Dieser Service kann vor der Hinreise bei allen DB-Verkaufsstellen gebucht werden.
Der Rückreisetransport kann aber auch schon beim Kauf des Hintransportes mitgebucht werden. Die Zustellung erfolgt innerhalb von Deutschland binnen zwei Werktagen. Das KurierGepäck-Ticket kaufen Sie am besten gleich mit Ihrer Fahrkarte oder Sie bestellen es beim Hermes-Privat-Service (s. Infostellen).

Sonderräder wie Tandems, Liege- oder Dreiräder können wegen ihrer größeren Abmessungen nicht transportiert werden. Zustellung bzw. Abholung: Mo-Fr 8-18 Uhr (Spätservice 17-21 Uhr), Sa 8-18 Uhr.

Bei Abholung muss das Fahrrad transportgerecht verpackt sein. Der Kurierfahrer bringt Ihnen auf Wunsch eine Mehrwegverpackung zum Preis von € 5,10 gerne mit.

KurierGepäck-Preise innerhalb Deutschlands:

erstes und zweites Rad	je € 24,90
drittes und viertes Rad	je € 18,90
(bei gleicher Abhol- und Lieferadresse)	
Aufpreis für Spätservice	€ 6,30

Wenn Sie Ihr Fahrrad mit dem Hermes-Privat-Service unabhängig von einem Bahnticket versenden möchten, dann kostet das € 39,90.

Der Fahrradversand wird auch in die Länder Luxemburg, Österreich, Schweiz und nach Südtirol angeboten.

Fahrradmitnahme in Belgien und den Niederlanden:

Für die grenzüberschreitende Fahrradmitnahme benötigen Sie eine Internationale Fahrradkarte, die in Belgien € 8,60 und in den Niederlanden € 12,– kostet. Diese wird im Abfahrtsland für eine Fahrtrichtung ausgestellt. Für die Rückfahrt erwerben Sie die Karte also direkt in Ihrem Urlaubsland. Sie erhalten noch dazu einen Fahrradkartenbeleg, der gut sichtbar am Fahrrad angebracht werden muss. Eine Reservierung ist nicht möglich.

Fahrradversand: wird in beiden Ländern nicht angeboten.

Anreise mit dem Auto

Sei reisen auf den entsprechenden Autobahnen nach Aachen, Bonn oder Koblenz, weiter auf Bundesstraßen nach Monschau und von dort auf der N 669 und N 676 zum Signal de Botrange im Naturpark Hohes Venn.

Falls Sie beabsichtigen, den RurUfer-Radweg von der Mündung bis zur Quelle zu befahren, über die A 52 bzw. A 61 bis Autobahnkreuz Mönchengladbach und weiter über die A 52 bis Roermond.

Rad & Bahn

Der RurUfer-Radweg wird auf einer Länge von 56 Kilometern von der Rurtalbahn begleitet. D. h. Sie haben hier die Möglichkeit vom Drahtesel auf die Schienen zu wechseln. Die Rurtalbahn verbindet den Norden des Kreises Düren mit der Rureifel im Süden. Insgesamt liegen 29 Bahnhöfe/Haltepunkte an den Strecken Heimbach – Düren – Linnich. Informationen erhalten Sie auf www.rutalbahn.de oder unter der Nummer ✆ 02421/200222.

Rad & Schiff

Die Strecke entlang des Rursees von Rurberg nach Schwammenauel können Sie auch auf dem Schiff zurücklegen. Infos und Fahrplan erhalten Sie auf www.rurseeschifffahrt.de oder unter der Nummer ✆ 02446/479.

Rad & Bus

Informationen zur Anreise mit dem Bus oder Umstieg auf den Bus erhalten Sie bei:

Service-Center der **Dürener Kreisbahn**:
✆ 02421/3901-0, www.dkb-dn.de

Aachener Verkehrsverbund, ✆ 0241/96897-0, www.avv.de

Übernachtung

Übernachtungsmöglichkeiten entlang des RurUfer-Radweges sind ausreichend vorhanden, außer zu Beginn Ihrer Reise von Botrange bis Monschau. Danach gibt es, auch in der Hauptsaison keine Probleme ein Zimmer zu bekommen. Langfristige Vorreservierungen sind daher auch nicht notwendig. Rund um den Rursee befinden sich viele Campingplätze und Privatzimmer. Ab Düren führt die Strecke durch stärker besiedelte Gebiete, in denen Sie sicher ein Quartier Ihrer Wahl finden.

Mit Kindern unterwegs

Die Route entlang der Rur verläuft zwar hauptsächlich auf verkehrsfreien Uferwegen oder ruhigen Nebenstraßen und nur selten im Verkehr. Jedoch müssen Sie beachten, dass die Strecke in der Eifel konditionell anstrengend ist und daher für Kinder unter 10-12 Jahren nicht geeignet ist. Im Flachland können Sie den RurUfer-Radweg aber auch mit Kindern ab 8 Jahren fahren. Die Route verläuft hier weit ab vom Verkehr und es gibt keine Steigungen. Anstrengend könnten eventuell die langen unbefestigten Wegstrecken sein.

Das Rad für die Tour

Für den RurUfer-Radweg benötigen Sie auf der ersten Hälfte in der Eifel-Region auf jeden Fall ein Fahrrad mit berggängiger Übersetzung. Die Strecken im Flachland können Sie prinzipiell mit jedem funktionstüchtigen Fahrrad befahren, hier sollten Sie jedoch beachten, dass lange Strecken auf unbefestigten Uferwegen verlaufen, zumindest ein Rennrad sollten Sie in diesem Fall ausschließen.

Versuchen Sie schon vor der Abreise, eine bequeme Sitzposition auf Ihrem Rad zu finden. Der Rahmen sollte halbwegs Ihrer Körpergröße entsprechen. Vielleicht bekommen Sie wegen einer zu niedrigen Lenkstange nach einiger Zeit Druckstellen an den Händen oder einen steifen Rücken. Abhilfe schaffen hier ein höherer Lenker(vorbau) oder auch Fahrradhandschuhe. Besonderes Augenmerk sollten Sie dem Sattel schenken. Wenn Ihr Gesäß nach längerer Fahrt zu schmerzen beginnt, dann haben Sie einen zu weichen oder einfach den falschen Sattel. Des Radfahrers wahrer Luxus sind ergonomisch geformte Ledersättel.

Auch einen Kartenhalter oder eine Lenkertasche werden Sie auf Ihrer Tour sehr gut brauchen können. Zweifach-Hinterradtaschen mit unkomplizierter Befestigung erweisen sich bei längerer Fahrt als zweckmäßig.

Da selbst das beste Rad nicht von Pannen verschont wird, empfiehlt es sich, eine Grundausrüstung an Werkzeug und Zubehör mit auf die Reise zu nehmen.

Bekleidung

Für den Spaß beim Radfahren ist die Beschaffenheit der Bekleidung ganz entscheidend. Hierbei gilt in erster Linie das „Zwiebelprinzip“: Mehrere Schichten erfüllen verschiedene Funktionen und lassen sich separat tragen und vielfältig kombinieren.

Die Unterwäsche soll entstehende Feuchtigkeit möglichst schnell vom Körper weg führen (Kapillarwirkung). Ihr Sitzkomfort auf längeren Strecken wird durch eine gepolsterte Radlerhose entscheidend verbessert!

Je nach Außentemperatur folgt eine isolierende zweite Schicht, in der Regel ein leichter und klein verpackbarer Fleece-Pullover, der Wärme, aber keine Feuchtigkeit speichert.

Die äußere Hülle soll Wind und Regen abhalten, gleichzeitig aber den Schweiß in Form von Dampf hindurchlassen. Das Ergebnis ist immer ein Kompromiss zwischen den Funktionen „wasserdicht“ und „dampfdurchlässig“.

Hochwertige Wollstoffe für wärmende Pullis und sogar hauchdünne Unterwäsche trocknen zwar langsam, isolieren allerdings auch im feuchten Zustand noch recht gut. Im Gegensatz zu Funktionsunterwäsche aus

Kunstfasern nehmen Sie kaum Körpergeruch an – abends reicht meist simples Auslüften. Beides gilt jedoch nicht für Baumwolle, die als Sportbekleidung generell ungeeignet ist.
Vor allem bei Unterwäsche immer auf eine enge Passform achten, da sonst die „Funktion" versagt. Gleiches gilt für Jacken und Hosen, bei denen zusätzlich elastische Bereiche, Ärmelschlaufen und variable Verschlüsse lästiges Flattern verhindern.

Radreiseveranstalter/Geführte Radtouren:

Rursee-Touristik GmbH, Seeufer 3, D-52152 Simmerath-Rurberg, ✆ 02473/9377-0, info@rursee.de, www.rursee.de
Rursee Touristik GmbH, Franz-Becker-Straße 2, 52152 Simmerath-Einruhr, ✆ 02485/317, info@rursee.de, www.rursee.de
FEE-Radsport, Geführte Radtouren & Radverleih, Bahnhofstr. 1, D-52156 Monschau-Kalterherberg, ✆ 02742/912009, myese-w@t-online.de, www.fahrrad-events-eifel.de
Heinsberger Tourist-Service e. V., Valkenburger Str. 45, D-52525 Heinsberg, ✆ 02452/131415, Fax: 131419, info@hts-info.de, www.hts-info.de

Zu diesem Buch

Dieser Radreiseführer enthält alle Informationen, die Sie für den Radurlaub entlang der Rur/Roer benötigen: Exakte Karten, eine detaillierte Streckenbeschreibung, ein ausführliches Übernachtungsverzeichnis, Stadt- und Ortspläne und die wichtigsten Informationen zu touristischen Attraktionen und Sehenswürdigkeiten.
Und das alles mit der ***bikeline*-Garantie**: jeder Meter in unseren Büchern ist von einem unserer Redakteure vor Ort auf seine Fahrradtauglichkeit geprüft worden!

Die Karten

Eine Übersicht über die geographische Lage des in diesem Buch behandelten Gebietes gibt Ihnen die Übersichtskarte auf der vorderen inneren Umschlagsseite. Hier sind auch die Blattschnitte der einzelnen Detailkarten eingetragen.
Diese Detailkarten sind im Maßstab 1 : 50.000 erstellt. Dies bedeutet, dass 1 cm auf der Karte einer Strecke von 500 Metern in der Natur entspricht. Zusätzlich zum genauen Routenverlauf informieren die Karten auch über die Beschaffenheit des Bodenbelages (befestigt oder unbefestigt), Steigungen (leicht oder stark), Entfernungen sowie über kulturelle und gastronomische Einrichtungen entlang der Strecke.
Allerdings können selbst die genauesten Karten den Blick auf die Wegbeschreibung nicht ersetzen. Komplizierte Stellen werden in der Karte mit diesem Symbol ⚠ gekennzeichnet, im Text finden Sie das gleiche Zeichen zur Kennzeichnung der betreffenden Stelle wieder. Beachten Sie, dass die empfohlene Hauptroute immer in Rot oder Violett, Varianten und Ausflüge hingegen in Orange dargestellt sind. Die genaue Bedeutung der einzelnen Symbole wird in der Legende auf Seite 4 und 5 erläutert.

Höhen- und Streckenprofil

Das Höhen- und Streckenprofil gibt Ihnen einen grafischen Überblick über die Steigungsverhältnisse, die Länge und die wichtigsten Orte entlang der Radroute. Es können in diesem Überblick nur die markantesten Höhenunterschiede dargestellt werden, jede einzelne kleinere Steigung wird in dieser grafischen Darstellung jedoch nicht berücksichtigt. Die Steigungs- und Gefälleverhältnisse entlang der Route finden Sie im Detail mit Hilfe der Steigungspfeile in den genauen Karten.

Der Text

Der Textteil besteht im Wesentlichen aus der genauen Streckenbeschreibung, welche die empfohlene Hauptroute flussabwärts enthält. Stichwortartige Streckeninformationen werden, zum leichteren Auffinden, von dem Zeichen begleitet.

Unterbrochen wird dieser Text gegebenenfalls durch orange hinterlegte Absätze, die Varianten und Ausflüge behandeln.

Ferner sind alle wichtigen **Orte** zur besseren Orientierung aus dem Text hervorgehoben. Gibt es interessante Sehenswürdigkeiten in einem Ort, so finden Sie unter dem Ortsbalken die jeweiligen Adressen, Telefonnummern und Öffnungszeiten.

Die Beschreibung der einzelnen Orte, sowie historisch, kulturell oder naturkundlich interessante Gegebenheiten entlang der Route tragen zu einem abgerundeten Reiseerlebnis bei. Diese Textblöcke sind kursiv gesetzt und unterscheiden sich dadurch auch optisch von der Streckenbeschreibung.

Zudem gibt es kurze Textabschnitte in den Farben violett oder orange, mit denen wir Sie auf bestimmte Gegebenheiten aufmerksam machen möchten:

Textabschnitte in Violett heben Stellen hervor, an denen Sie Entscheidungen über Ihre weitere Fahrstrecke treffen müssen, z. B. wenn die Streckenführung von der Wegweisung abweicht oder mehrere Varianten zur Auswahl stehen u. ä.

Sie weisen auch auf Ausflugstipps, interessante Sehenswürdigkeiten oder Freizeitaktivitäten etwas abseits der Route hin.

Das Symbol ⚠ bezeichnet schwierige Stellen, an denen zum Beispiel ein Schild fehlt, oder eine Routenführung unklar ist. Sie finden das Zeichen an derselben Stelle in der Karte wieder, so dass sie wissen auf welches Wegstück sich das Symbol bezieht.

Übernachtungsverzeichnis

Auf den letzten Seiten dieses Radtourenbuches finden Sie zu fast allen Orten an der Strecke eine Auswahl von günstig gelegenen Hotels und Pensionen. Dieses Verzeichnis enthält auch Campingplätze und Jugendherbergen. Ab Seite 76 erfahren Sie Genaueres.

Vom Signal de Botrange nach Heimbach

60,5 km

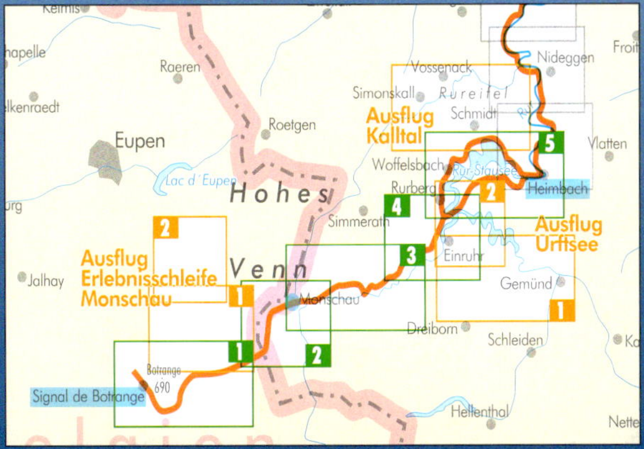

Die erste Etappe Ihrer Radreise entlang der Rur entführt Sie in die verzauberte Welt des Hohen Venn, einem Hochmoor im Grenzgebiet zwischen Belgien und Deutschland. Sie starten die Tour auf Belgiens höchster Erhebung, dem Signal de Botrange. Ganz in der Nähe entspringt die Rur als kleines Bächlein und geleitet Sie mitten in den wildromantischen Landstrich der Eifel. Wälder, Seen und schmucke Eifelstädtchen säumen dabei Ihren Weg.

Die Route verläuft hauptsächlich auf ruhigen Landwirtschafts- und Waldwegen, teils auf wassergebundenen Uferwegen, straßenbegleitenden Radwegen und selten auch auf einer verkehrsreicheren Straße. Steigungen und Gefällestrecken begegnen Ihnen ständig auf dieser ersten Etappe entlang des RurUfer-Radweges.

Nahe der Rurquelle bei Sourbrodt

Signal de Botrange

Der Turm und die kleine Wirtschaft wurden 1933/34 errichtet. Der Aussichtsturm überragt mit seinen 25 Metern den Waldbestand und ist schon von weitem sichtbar. Heute beherbergt er eine Wetterstation und ein Restaurant.

Tipp: Beim Turm befindet sich ein Informationsbüro zum Naturschutzgebiet sowie eine kleine Wetterstation.

Tipp: Vis á vis zum Signal de Botrange, also jenseits der N 676 können Sie einen Abstecher zu Fuß zum Aussichtspunkt nahe der Rurquelle unternehmen.

Mit dem Signal de Botrange im Rücken die N 676 überqueren und ein kurzes Stück auf einem Schotterweg bis zum Aussichtspunkt zurücklegen.

Aussichtspunkt nahe der Rurquelle

Hier befindet sich eine Tafel mit Informationen zum Quellgebiet der Rur oder Roer, welches unter strengem Naturschutz steht. Hier besteht absolutes Fahrverbot für Radfahrer und selbst Wanderer dürfen nur auf den markierten Pfaden bleiben. Bestimmte Teile des Hohen Venns können nur mit einem Wanderführer betreten werden.

Vom Signal de Botrange nach Monschau 20 km

Beim Signal de Botrange rechts auf die N 676 Richtung Sourbrodt und leicht bergab weiter ~ den Kreisverkehr geradeaus überqueren ~ an einem Mischwald vorbei ~ an der folgenden Abzweigung links in einen Schotterweg und dem orangefarbenen Velotour-Schild Nr. 80 folgen.

Tipp: Es besteht hier die Möglichkeit zum Naturparkzentrum Botrange abzubiegen.

Abstecher zum Naturparkzentrum

Noch ein kurzes Stück auf der N 676 bleiben bis zum Abzweig nach rechts zum Naturparkzentrum Botrange.

Naturparkzentrum

PLZ: 4950; Vorwahl: 0032/(0)80

Naturparkzentrum Botrange, Route de Botrange 13, ✆ 440300, ÖZ: ganzjährig Mo-So 10-18 Uhr. Das Angebot reicht von einer umfangreichen Dauerausstellung mit dem Titel „Auf der Suche nach der verlorenen Landschaft der Euregio Maas-Rhein" und interessanten und abwechslungsreichen Präsentationen zu Naturthemen bis hin zu mehrsprachigen Informationsbroschüren. Ein großer Shopbereich sowie eine Caféteria befinden sich ebenfalls im Gebäude.

Hohes Venn (Hautes Fagnes)

Das Hohe Venn ist in seiner vollen Ausdehnung in den Deutsch-Belgischen Naturpark einbezogen (Naturpark Nordeifel und Naturpark Hohes Venn-Eifel).

Das Hochmoor mit Belgiens höchster Erhebung, dem 694 m hohen Signal de Botrange, liegt zwischen Eupen und Malmédy im belgischen Teil des 2.400 km² großen Deutsch-Belgischen Naturparks. Zahlreiche alte Kreuze bezeugen die Gefahren, durch die Menschen in diesem Hochmoor umgekommen sind. Hölzerne Stege, die nicht verlassen werden dürfen, Schilder und Flaggen machen es deutlich: Mensch und Moor müssen hier voreinander geschützt

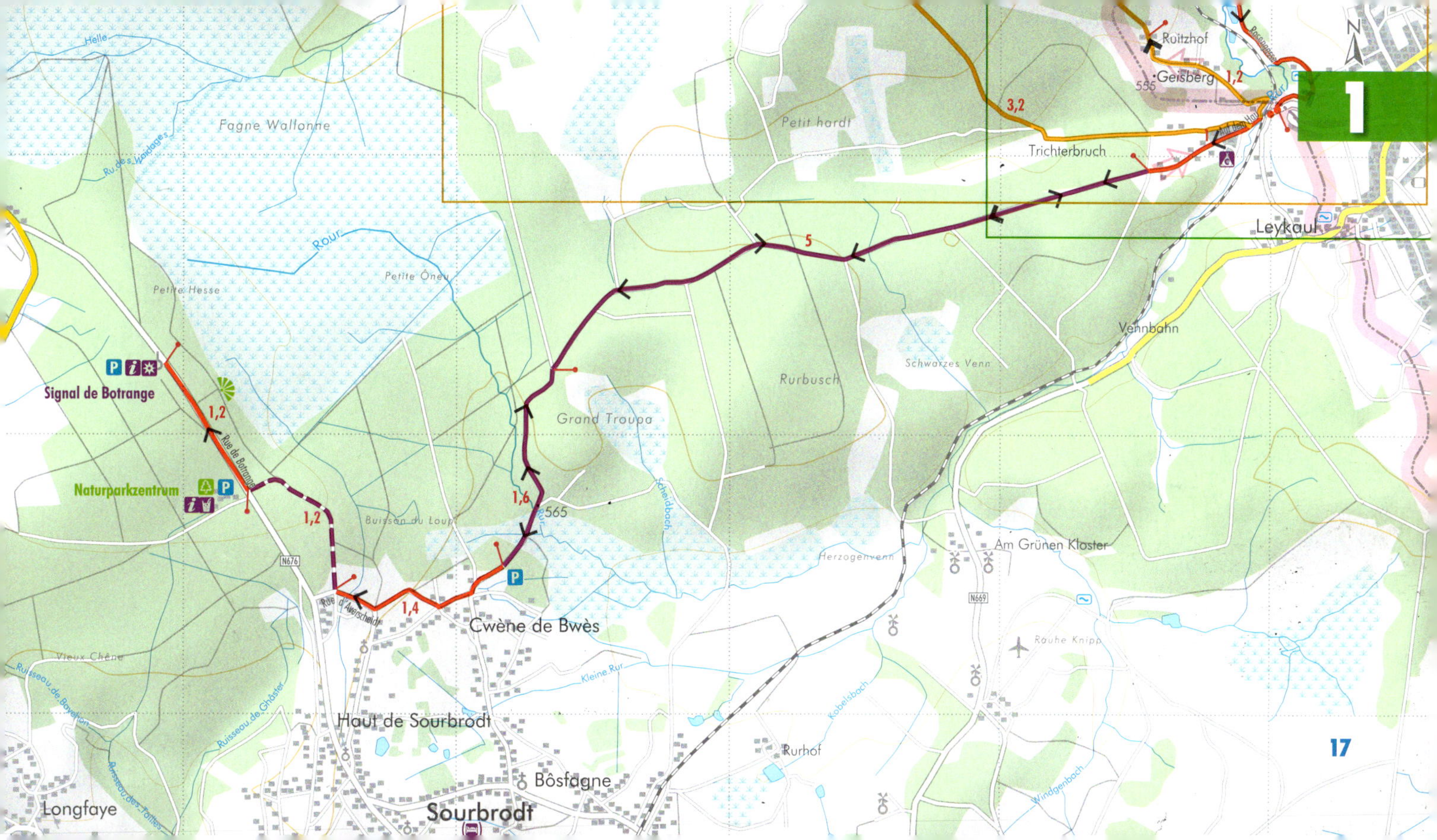

1
Ruitzhof
Geisberg
555
1,2
3,2
Rur
Auf dem Hau
Trichterbruch
Petit hardt
Fagne Wallonne
Helle
Ru des Waidages
Rour
Petite Hesse
Petite Oneu
Leykaul
5
Vennbahn
Schwarzes Venn
Rurbusch
Grand Troupa
Signal de Botrange
Rue de Botrange
1,2
Naturparkzentrum
1,2
1,6
565
Buisson du Loup
Scheidbach
Herzogenvenn
Am Grünen Kloster
N676
N669
Rue d'Averscheid
1,4
Cwène de Bwès
Vieux Chêne
Ruisseau de Bayehon
Ruisseau de Ghâster
Kleine Rur
Rauhe Knipp
Haut de Sourbrodt
Kobelsbach
Rurhof
Bôsfagne
Windgenbach
Ruisseau des Trôs Marets
Longfaye
Sourbrodt

werden. Zum Schutz der fragilen Natur ist das Betreten der Landschaft streng reglementiert, längst nicht alle Wege dürfen beschritten werden, viele nur mit fachkundiger Führung.

Ein illustriertes Faltblatt mit den Naturschutzbestimmungen sowie ausführliche Beschreibungen der Wanderrouten durch das Hohe Venn und die umliegende Landschaft gibt es im besuchenswerten Naturparkzentrum Botrange (131, route de Botrange, Robertville, Tel. 080/ 44 03 00), das zudem mit seiner interessanten Ausstellung über Vennfauna und -flora und zahlreichen Aktivitäten auf einen Besuch des Hohen Venn vorbereitet.

Im Waldgebiet südöstlich des Wallonischen Venns (Fagne Wallone) fließen die beiden Rurquellbäche zusammen und schlängeln sich nun gemeinsam durch Wald und Venn.

Auf der Hauptroute kurz darauf an der Weggabelung rechts abbiegen und weiter durch den Mischwald ⤳ wo der Schotterweg auf eine schmalen Asphaltstraße stößt, bei den ersten Häusern der Ortschaft Sourbrodt, links abbiegen.

Blick auf das Naturschutzgebiet Hohes Venn

Sourbrodt

Leicht bergab ⤳ kurz darauf links ⤳ an der folgenden Kreuzung wieder links ⤳ dem orangefarbenen Velo-Schild Nr. 83 folgen ⤳ an der nächsten Weggabelung links halten und an einem Fahrverbotschild über 15t vorbei ⤳ links an einem Parkplatz und kurz darauf an einer Schranke vorbei ⤳ zum ersten Mal die Rur, oder Roer wie sie hier noch heißt, überqueren.

Tipp: Unmittelbar danach besteht die Möglichkeit rechts zum **Kreuz der Gefangenen** abzubiegen.

Der Radweg verläuft jedoch geradeaus weiter ⤳ an der darauffolgenden Weggabelung rechts weiter ⤳ der Weg entfernt sich immer mehr von der Rur und führt zunächst durch einen Mischwald, der in einen Nadelwald übergeht ⤳ die in weiterer Folge rechts und links abzweigenden Wege nicht beachten ⤳ leicht hügelig dahin ⤳ an dem grünen Schild „Staatswald Küchelscheid" vorbei ⤳ ein Holzhaus passieren ⤳ danach etwas steiler bergab ⤳ bald darauf folgt eine kurze Gegensteigung ⤳ an einer Schranke vorbei ⤳ in den Ort Küchelscheid hineinfahren.

Küchelscheid

Der Straße **Auf dem Hau** leicht bergab folgen ⤳ das Gefälle wird etwas steiler ⤳ links an einem Campingplatz mit Taverne vorbei ⤳ an der anschließenden Kreuzung geradeaus weiter und über eine kleine Steinbrücke die Rur überqueren.

Tipp: Hier überqueren Sie die Grenze zwischen Belgien und Deutschland. Genau hier kreuzt auch die Erlebnisschleife Monschau „Auf alten Schmugglerwegen" Ihren Weg. Bei ein wenig Kondition ist diese Runde durch das Hohe Venn auch für Familien geeignet.

Im Hohen Venn

Erlebnisschleife Monschau 21 km

Tipp: Dem Wunsch der Tourismusverantwortlichen haben wir gerne entsprochen und diesen Ausflug in unser Buch mit aufgenommen. Da jedoch eine Überprüfung durch unsere Redakteure vor Ort nicht mehr möglich war, können wir leider keine Angaben über die Wegequalität der Strecke machen.

Der Ausgangspunkt für diesen Ausflug liegt im **Eifeldorf Kalterherberg**, direkt am Eifeldom.

Tipp: Da unsere Radtour auf die Schleife schon in Küchelscheid trifft, beginnt sie schon hier. Sollten Sie Kalterherberg trotz-

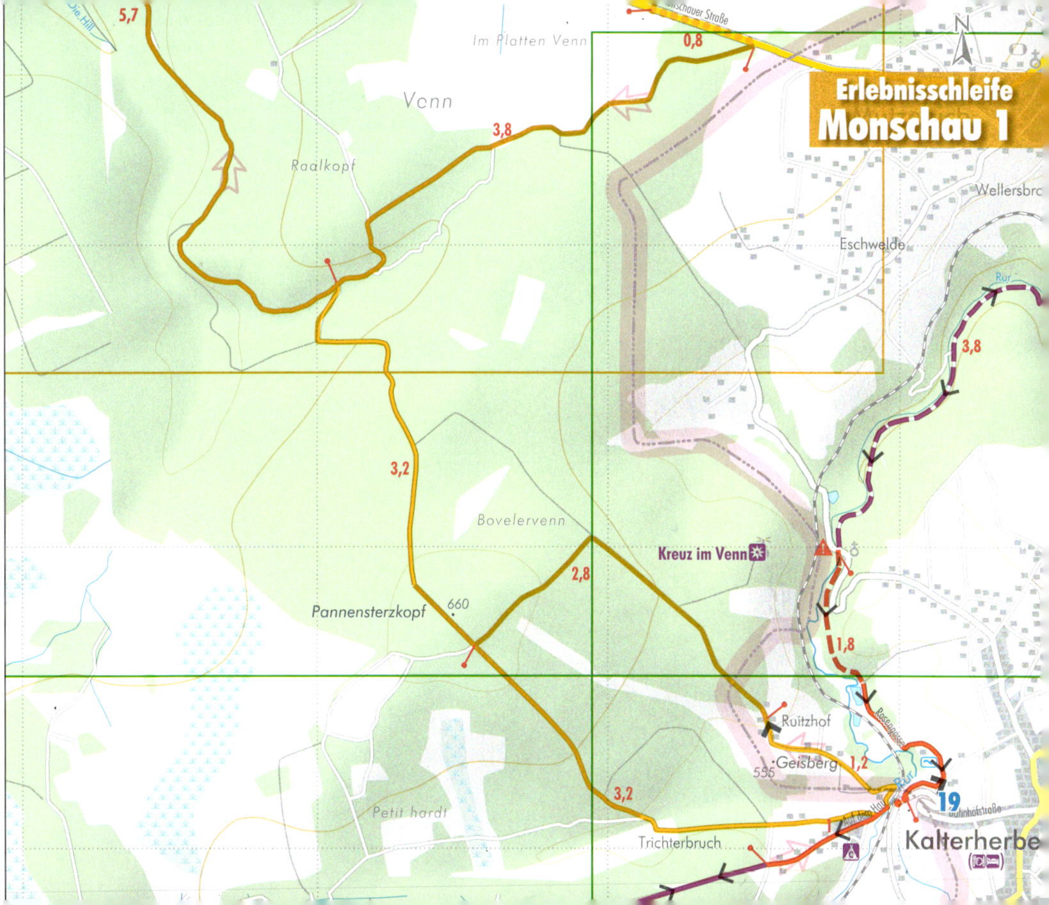

Erlebnisschleife Monschau 2

dem besuchen wollen, können Sie das ja am Ende dieser Rundtour machen.

Nach einem kurzen, aber kräftigen Anstieg ist der **Ruitzhof** erreicht.

Der geschichtsträchtige alte Weiler zählt noch zu Kalterherberg, ist aber nur durch Belgien zu erreichen.

Tipp: Von hier aus kann man einen Abstecher zum weithin bekannten „Kreuz im Venn" unternehmen.

Zurück auf der Strecke geht es nun nach 5 Kilometern an den Schwarzbach hinunter und Sie befinden sich schon mitten im Venn ~ weiter geht es auf guten Wegen zum alten **Forsthaus Ternell**.

Tipp: Hier können Sie eine kurze Rast bei Kaffee und Kuchen einlegen, bevor Sie ihre Fahrt in Richtung Hohes Venn fortsetzen.

Die Blicke schweifen weit übers Venngras und man vergisst bei dieser herrlichen Landschaft ein wenig die Zeit.

Auf gut ausgebauten Forstwegen geht es weiter durch die Vennlandschaft ~ weiter bis zur N 67 ~ ein kurzes Stück auf der Straße bei der nächsten Möglichkeit rechts in die kleine Straße ~ nach weiteren 5 Kilometern erreichen Sie wieder den **Ruitzhof** ~ und kurz darauf treffen Sie wieder auf die Hauptroute oder Sie fahren noch weitere 3 Kilometer und statten Kalterherberg einen Besuch ab.

Auf der **Hauptroute** nach dem Bahnübergang der linken Straße folgen ~ an der folgenden Weggabelung links Richtung Gut Reichenstein abbiegen ~ auf einer schmalen Asphaltstraße leicht bergab weiter ~ rechts der Bahnlinie entlang ~ dem kleinen weißen Schild mit rotem Fahrradsymbol folgen ~ immer wieder Hinweise auf das Naturschutzgebiet.

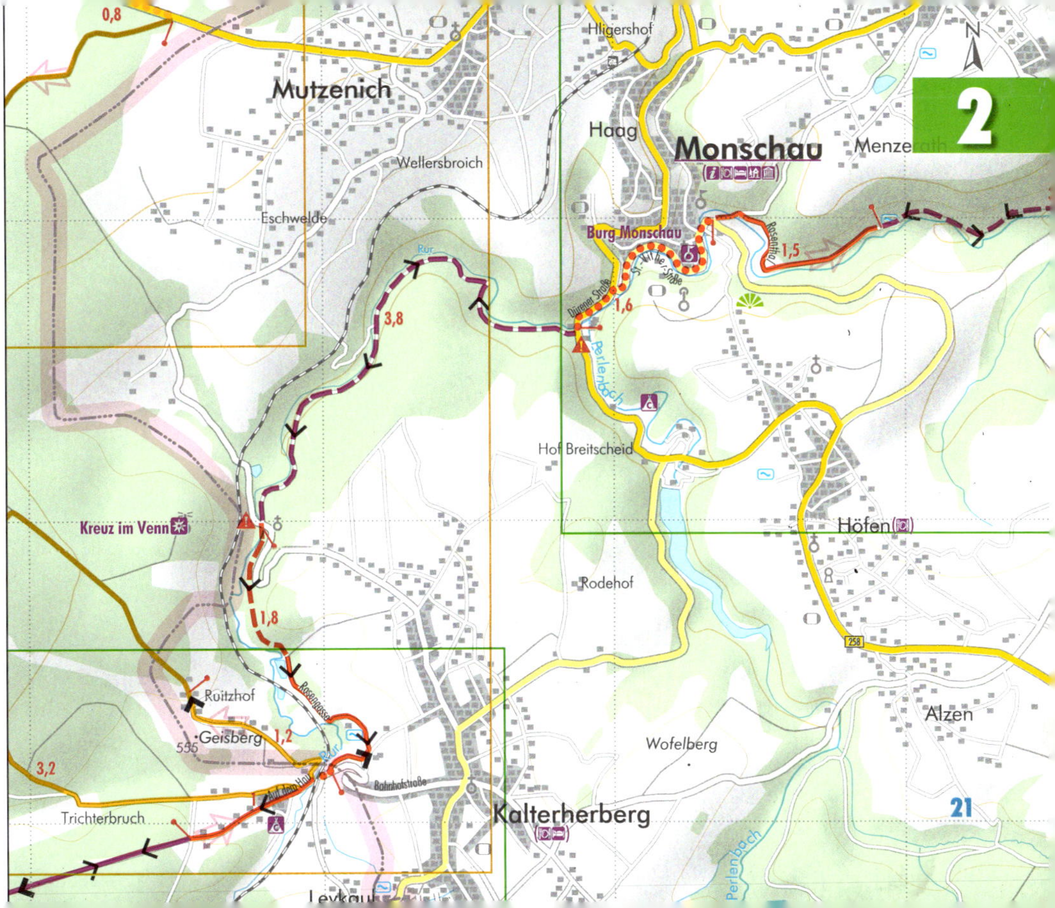

Der Asphaltweg geht nun in einen Schotterweg über ⇝ leicht bergab ⇝ rechts der Rur entlang ⇝ durch den Nadelwald, der zum Staatsforst Monschau gehört, etwas flacher dahin ⇝ danach stetig leicht bergab ⇝ auf einem Flachstück neben einem Jungwald weiter ⇝ eine Schranke passieren.

⚠ Tipp: Es folgt eine gefährliche Kreuzung mit sehr schlechter Einsicht auf den Querverkehr.

Monschau – Rosenthal

Die Vorfahrtsstraße leicht schräg nach links überqueren ⇝ die **Norbertuskapelle** rechts liegen lassen ⇝ dem Holzschild Richtung Monschau folgen ⇝ erneut an einer Schranke vorbei ⇝ zunächst flach dahin ⇝ immer knapp an der Rur entlang ⇝ an einer größeren Lichtung vorbei ⇝ wieder dem kleinen weißen Wegweiser folgen ⇝ nach der Lichtung eben dahin ⇝ kurz darauf leicht bergab ⇝ danach durch lichtes Waldgebiet und an vereinzelten Felsen vorbei.

⚠ Tipp: Achtung, teilweise sehr grober Untergrund.

Kontinuierlich leichtes Gefälle ⇝ rechts an einem Steg vorbei ⇝ danach leicht bergauf ⇝ in einer starken Rechtskurve an einigen Felsen vorbei ⇝ kurz darauf leichtes Gefälle ⇝ auf sehr grobem Schotter weiter ⇝ eine Schranke passieren

⚠ Tipp: Unmittelbar danach folgt eine sehr gefährliche Kreuzung.

Hier links auf die **B 258** abbiegen ⇝ dem weiß-roten Radschild Richtung Monschau/Simmerath folgen.

Tipp: Hier besteht rechts die Möglichkeit zu einem Campingplatz abzubiegen.

Weiterhin dieser Straße folgen ⇝ bei der nächsten Kreuzung in die **St. Vither Straße** einbiegen und nach Monschau hinein.

Rechts an der Felsenbrauerei vorbei ⇝ fortlaufend links der Rur entlang ⇝ den Monschauer Handwerkermarkt passieren ⇝ geradeaus weiter auf der gepflasterten Straße ⇝ dem kleinen weißen Schild mit rotem Fahrradsymbol folgen ⇝ am Ende der **Stadtstraße** rechts abbiegen und dem Radschild Richtung Rursee folgen.

Monschau

PLZ: 52156; Vorwahl: 02472

ℹ **Monschau-Touristik**, Stadtstr. 14, ✆ 80480, www.monschau.de

🏛 **Rotes Haus Museum**, Laufenstr. 10, ✆ 5071, ÖZ: Karfreitag-Nov., Di-So. Kaum verändertes Patrizierhaus der Tuchmacherfamilie Scheibler und Wahrzeichen der Stadt.

Monschau – Luftansicht

Druckerei-Museum Weiss Imgenbroich, Am Handwerkerzentrum 16, ✆ 982982, ÖZ: Sa, So 10-17 Uhr. Darstellung der gesamtgeschichtlichen Entwicklung der Druckerkunst.

Eifeler Photographica & Film Museum, Laufenstr. 40, ✆ 3590, ÖZ: tägl. 10-18 Uhr, Okt.-April, Do-Di. Sammlung von über 3000 Kameras.

Felsenkeller Brauerei Museum, St.-Vither-Straße 22-28, ✆ 3018, ÖZ: April-Okt., Di-So 11-18 Uhr, Nov.-März, Sa und So 11-18 Uhr. Während eines Rundganges durch die Brauerei wird dem Besucher die Entstehung von Bier näher gebracht.

Burg Monschau, entstanden im 12. Jh., Schauplatz der Monschau Open Air Klassik.

Senfmühle, Laufenstr. 118, ✆ 2245, ÖZ: März-Okt., Gruppen n. V. Di-Sa, Einzelführungen nur Mi, 11 und 14 Uhr. Letzte handwerklich geführte Senfmühle in Deutschland.

Sommerbobbahn Rohren, ✆ 4172, ÖZ: Ostern-1. Nov., tägl. 10-18 Uhr. Längste Edelstahl-Bobbahn Deutschlands.

Handwerkermarkt mit römischer Glashütte, Burgau 15, ✆ 990160

Brandenburg, Malmedyer Str. 2, ✆ 0170/1852247

In Monschau schrieb die berühmte Tuchmacherfamilie Scheibler ein großes Stück der stadteigenen Geschichte. Nicht zuletzt machten sie den heutigen Luftkurort zu einem der reichsten und schönsten Zentren des Tuchhandwerks im 18. Jahrhundert. Die heute noch gänzlich erhaltene historische Altstadt mit Fachwerkidylle und Bruchsteinbauten zeugt von der außerordentlichen Bedeutung Monschaus zu jener Zeit.

Sehenswert in der Umgebung der Stadt sind die für die Region typischen Buchenhecken, die die Einwohner der Eifel zum Schutz gegen die raue Witterung pflanzten. Diese liebens-

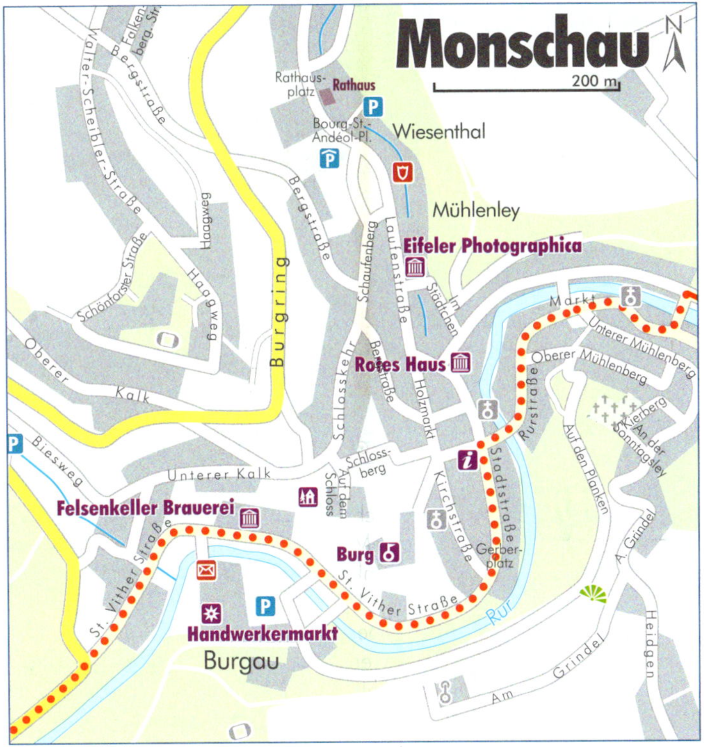

Monschau – Rurbrücke

wert gepflegten Hecken vor den eigenen Häusern verfügen über Fenster, Eingänge, Bögen und dergleichen. Auch die Tiere profitieren von dieser zweckgerichteten Idee: die Viehhecken ersetzen die Umzäunung der Weiden und bieten gleichzeitig Schutz vor dem Wind.

Von Monschau nach Rurberg 19,5 km

Auf der **Rurstraße** die Rur überqueren ⤳ den **Markt** geradeaus überqueren ⤳ rechts an der Kirche vorbei ⤳ weiter geradeaus auf Kopfsteinpflaster dahin ⤳ kurz darauf links abbiegen und wieder dem kleinen weißen Schild folgen ⤳ die Rur abermals überqueren ⤳ danach rechts weiter Richtung Aachen, Düren und Eupen ⤳ leicht bergauf ⤳ unmittelbar danach rechts abbiegen in Richtung Rosenthal.

Es folgt ein kurzes Stück auf Asphalt ⤳ links an einem Wehr vorbei ⤳ links der Rur entlang ⤳ dem Holzschild Richtung Grünenthal folgen ⤳ Hinweis auf den Naturpark ⤳ auf einer Asphaltstraße eben dahin ⤳ links an einem Campingplatz vorbei ⤳ an einer Hecke entlang ⤳ leicht bergab.

An einer **Kläranlage** vorbei ⤳ kurz darauf wieder das kleine weiße Schild mit Fahrradsymbol ⤳ links an einem Steg vorbei ⤳ ab hier wechselt der Bodenbelag auf Schotter ⤳ eine Schranke passieren ⤳ leicht bergauf ⤳ oberhalb der Rur entlang ⤳ kurz darauf wieder flacher ⤳ leichtes Gefälle ⤳ dem roten Schild Richtung Rursee geradeaus weiter folgen ⤳ eben dahin ⤳ danach leichtes Gefälle.

Ab hier entfernt sich der Radweg etwas von der Rur ⤳ links einen Steg passieren ⤳ der Beschilderung Richtung Grünenthal/Widdau geradeaus folgen ⤳ hier wieder ganz knapp am Flussbett der Rur entlang ⤳ wellig dahin ⤳ der Weg entfernt sich wieder etwas von der Rur ⤳ der Laubwald wird dichter ⤳ kurz darauf wieder knapp an der Rur entlang ⤳ leicht hügelig ⤳ ein kurzes Stück an einem Holzzaun entlang ⤳ danach erfolgt ein Übergang in eine stärkere Steigung ⤳ ab hier ist der Schotter sehr grob ⤳ eine Schranke passieren ⤳ schließlich rechts in die Asphaltstraße **K 21** abbiegen ⤳ links an einer Weide vorbei ⤳ in Serpentinen etwas steiler bergab ⤳ der schmalen Asphaltstraße entlang, die sich kurz darauf verbreitert.

Grünenthal

Auf einer kleinen Brücke die Rur überqueren ⤳ dem Wegweiser Richtung Dedenborn/Hammer folgen ⤳ leicht bergauf ⤳ links an einem Parkplatz vorbei ⤳ weiter bergab ⤳ kurz darauf wieder über die Rur ⤳ unmittelbar danach bergauf weiter.

Hammer

An den ersten Häusern von Hammer vorbei ⤳ der **Grünenthalstraße** entlang ⤳ an der folgenden Kreuzung rechts abbiegen in Richtung Dedenborn/Einruhr ⤳ wieder dem kleinen weißen Schild folgen ⤳ auf der **De-**

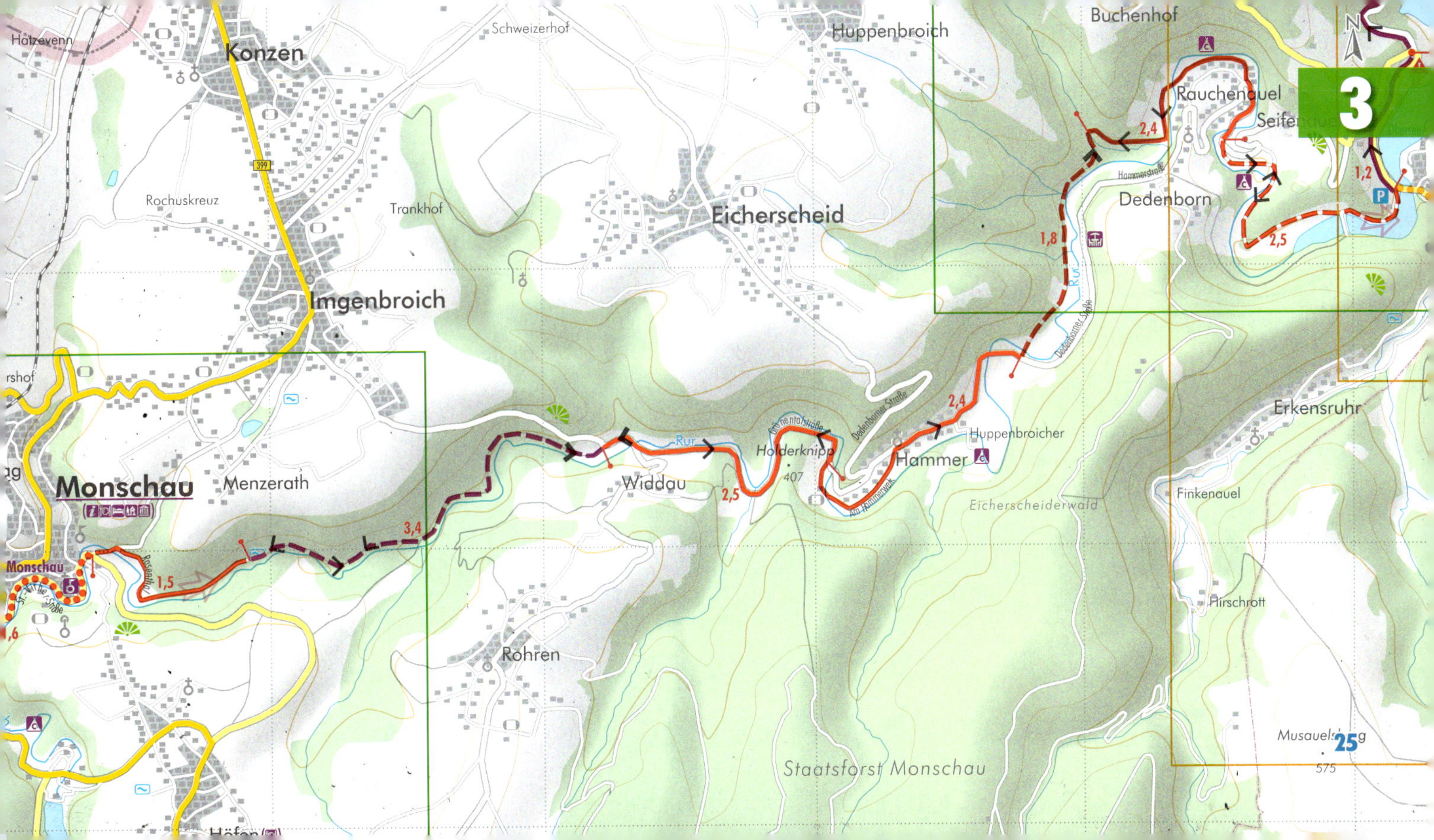

Hatzevenn
Konzen
Schweizerhof
Huppenbroich
Buchenhof
Rauchenauel
Seifenauel
3
399
Rochuskreuz
Trankhof
Eicherscheid
Hammerstraße
Dedenborn
Imgenbroich
Rur
Dedenborner Straße
rshof
Monschau
Menzerath
Widdau
Holderknipp
407
Hammer
Huppenbroicher
Erkensruhr
Finkenauel
Eicherscheiderwald
Rosenthal
Rohren
Hirschrott
Staatsforst Monschau
Musauelsberg
575
1,5
3,4
2,5
2,4
1,8
2,4
1,2
2,5

denbornstraße leicht bergab ~ rechts an einer Kapelle vorbei ~ kurz darauf wieder leicht bergauf.

Tipp: Rechts besteht die Möglichkeit zu einem Campingplatz abzubiegen.

Hammer verlassen ~ leicht bergab ~ über die Rur ~ ein kurzes Flachstück ~ gefolgt von einer leichten Steigung ~ rechts an einer Wiese vorbei ~ bei einem kleinen Rastplatz links abbiegen und weiter Richtung Rursee/Rauchenauel fahren ~ kurz darauf beginnt ein Schotterweg.

An der folgenden Kreuzung rechts abbiegen und dem kleinen weißen Schild mit dem roten Fahrradsymbol folgen ~ eben dahin ~ links an einer Wiese entlang ~ an einem Steg vorbei ~ eine Schranke wird passiert ~ dem kleinen weißen Schild weiterhin geradeaus folgen ~ ab hier auf grobem Schotter weiter ~ danach ein etwas steilerer Anstieg ~ durch eine scharfe Linkskurve.

An der darauffolgenden Weggabelung rechts ~ leicht bergab ~ kurz darauf wieder rechts halten ~ der Bodenbelag wechselt von

Rursee

Schotter auf Asphalt ~ danach etwas steiler bergab ~ an der anschließenden Kreuzung links abbiegen ~ an einigen Wiesen entlang ~ an einer Koppel entlang ~ kurz darauf über die Rur.

Rauchenauel

Unmittelbar danach rechts an einem **Sportplatz** vorbei ~ gleich danach zur Linken ein Campingplatz ~ an der Kreuzung links abbiegen und dem rot-weißen Wegweiser Richtung Heimbach/Rursee folgen ~ eben dahin ~ kurz darauf auf einer kleinen Brücke die Rur überqueren ~ danach folgt ein leichter Anstieg ~ links an der Rur entlang ~ rechts abbiegen und auf einer Schotterstraße weiter.

Ein **Campingplatz** wird passiert ~ der Weg ist abschnittsweise asphaltiert ~ es folgt ein leichter Anstieg ~ an der kommenden T-Kreuzung mit Spiegel rechts abbiegen ~ auf einer schmalen Asphaltstraße leicht bergab weiter ~ kurz darauf folgt eine Gegensteigung ~ ab hier wieder auf Schotter weiter ~ an einem Geländer entlang ~ kurz darauf einen kleinen Steg passieren ~ danach an einem Weidezaun entlang ~ leicht bergab ~ immer am Waldrand entlang ~ an der Weggabelung geradeaus weiter ~ dem Schild folgen ~ an Wiesen vorbei ~ links an einem Feld entlang ~ an der folgenden Kreuzung geradeaus weiterhin dem Schild folgend.

Links an der mittlerweile angestauten Rur, dem sogenannten Obersee, entlang ~ kurz vor der Bundesstraße mündet der Schotterweg in einen schmalen Asphaltweg ~ den Häusern entlang bis zur **B 266** vorfahren ~ bei einem Parkplatz links abbiegen, am anderen Ufer liegt Einruhr.

Einruhr

Rursee Touristik GmbH, Franz-Becker-Str. 2, ✆ 02485/317, www.rursee.de

Rursee

Dem Schild Richtung Simmerath/Rurberg folgen ~ ab hier auf dem Radweg links der Bundesstraße weiter ~ leichter Anstieg ~ an der nächsten Kreuzung rechts abbiegen.

⚠ Tipp: Achtung gefährliche Kreuzung!

Hier wird der Radweg kurz unterbrochen ~ weiter entlang der **Rurseepanoramastraße L 149** ~ leicht bergauf ~ an einigen Parkplätzen vorbei ~ danach ein etwas steileres Gefälle ~ die Qualität des Bodenbelags wird schlechter ~ an der folgenden größeren Kreuzung rechts in die **L 166** abbiegen und weiter Richtung Rurberg ~ leichtes Gefälle ~ an einem **Sportplatz** und kurz darauf am **Freibad** vorbei.

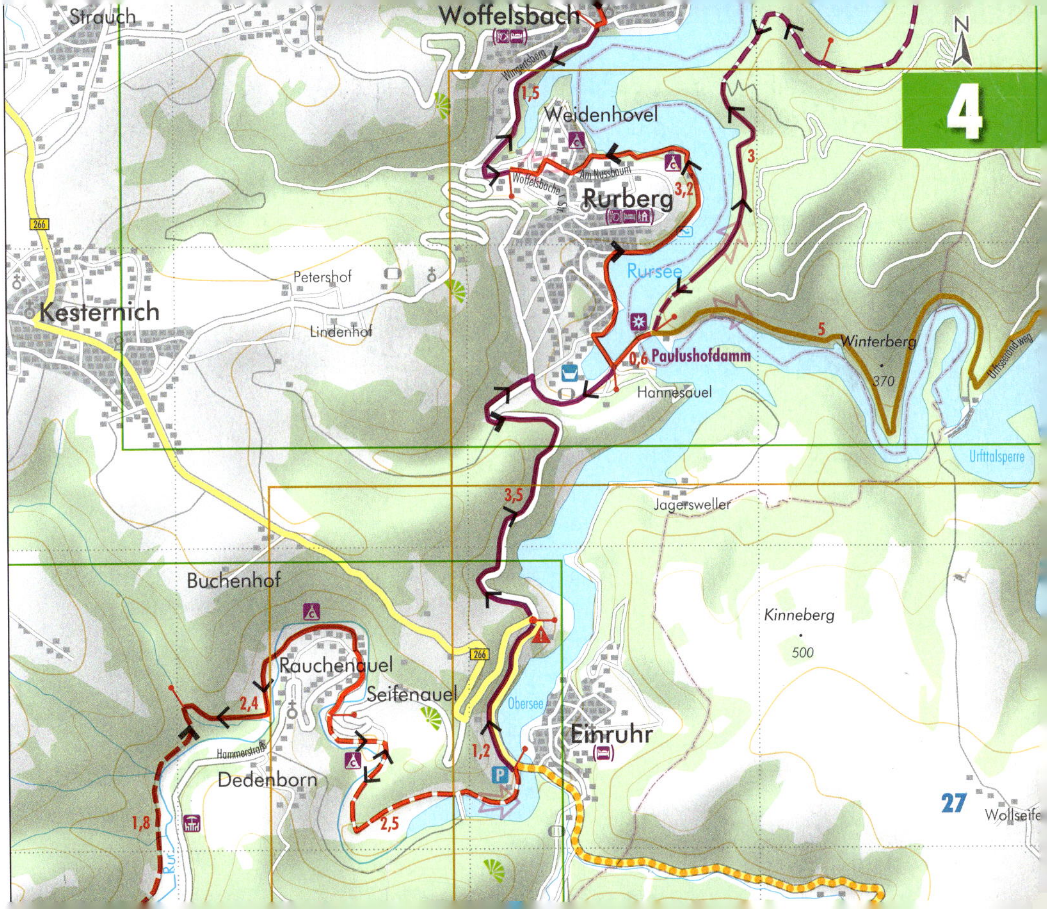

Rursee

Tipp: In Rurberg haben Sie die Wahl, ob Sie entweder am linken oder am rechten Ufer der Rurtalsperre Schwammenauel entlangfahren wollen. Die Strecke am linken Seeufer ist zwar etwas länger, bietet dafür aber einen schöneren Ausblick auf den Rursee. Außerdem bietet sich im letzten Drittel der linken Seeuferbefahrung ein Abstecher zur Kalltalroute an (Beschreibung und Karten dazu ab Seite 34). Zu Beginn der rechten Ufervariante bietet sich hingegen ein Ausflug entlang des Urftsees an (Beschreibung und Karten dazu ab Seite 36).

Die Rurseen

Die Rurtalsperre Schwammenauel gemeinsam mit dem Obersee und der Urfttalsperre hat insgesamt eine Wasserfläche von 8 km². Mit einer Länge von rund 24 Kilometer und einem Fassungsvermögen von 203 Mio. m³ Wasser ist sie die zweitgrößte Talsperre in Deutschland.

Immer wiederkehrende Überschwemmungen und Hochwasserkatastrophen in wasserreichen Zeiten, im Wechsel mit Trockenzeiten und Wassermangel fügten der Natur, dem Menschen, der Landwirtschaft und auch der Industrie große Schäden zu.

Durch den Bau der Urfttalsperre 1900 bis 1905 erfolgte ein erster Schritt zur Behebung dieser Missstände. Zu dieser Zeit war sie die größte Talsperre des Kontinents. 1933 bis 1935 legte man noch sogenannte Wochenausgleichsbecken bei Heimbach und Obermaubach an. 1934 bis 1938 wurde die erste Ausbaustufe der Rurtalsperre Schwammenauel ausgeführt. 1955 bis 1959 erfolgte die zweite Ausbaustufe mit den heutigen Dimensionen.

Beim Bau dieser gewaltigen Talsperren wurde besonderes Augenmerk auf den Landschaftsschutz und die Landschaftsgestaltung gelegt.

Der riesige Stausee erfüllt nun mehrere Zwecke, er ist Hochwasserschutz, Sammel- und Vorratsbecken für die Industrie, Trink- und Brauchwasserbereitstellung für das gesamte Umland, Energiequelle für die Stromerzeugung und nicht zuletzt Fremdenverkehrsattraktion bzw. Erholungsgebiet für die Menschen.

Den Namen erhielt die Talsperre von einem alten Gehöft mit Namen „Schwammenauel" aus dem 15./16. Jahrhundert, welches auf der rechten Rurseite, etwas unterhalb des Staudammes lag.

Rurberg

Rursee Touristik GmbH, Seeufer 3, ✆ 02473/93770, www.rursee.de

Von Rurberg nach Heimbach am linken Seeufer — 21 km

An der Kreuzung bei der Staumauer links abbiegen ~ die Staumauer überqueren ~ sofort danach rechts abbiegen und Richtung Ortszentrum weiterfahren ~ am **Seeufer** ent-

5
Gerstenhof
Neuenhof
Stachelberg
371
Klaus
Michelshof
Hechelscheid
enborich
Steckenborn
Woffelsbach
Rursee
Seehof
Wildenhof
Schilsbachstraße
Seerandstraße
Habersauel
Hasenfeld
Heimbach
Burg Hengebach
Jugendstilkraftwerk
Rur
Wingertsberg
Weidenhovel
Am Nussbaum
Woffelsbacher Str.
Rurberg
Abtei Mariawald
Petershof
Lindenhof
Paulushofdamm
Hannesauel
Winterberg
370
Druckstollen
Hellberg
525
Uferrandweg
29
4,7
4,2
3
4
5,2
2,6
7
1,5
3,2
0,6
5

Rursee

lang ~ links am Anleger der Rurseeschifffahrt vorbei ~ an der folgenden Kreuzung rechts in die Dorfstraße **Grimmischall** einbiegen ~ dem weiß-roten Schild Richtung Simmerath/ Woffelsbach folgen.

Nach einem leichten Anstieg rechts an einer Marienstatue vorbei ~ rechts an einigen Ferienwohnungen entlang ~ leicht bergauf ~ immer knapp am Stausee entlang ~ in den Weg **In den Höfen** einbiegen ~ danach rechts abbiegen und dem Fahrradsymbol folgen ~ es folgt ein etwas steilerer Anstieg ~ links an einem Campingplatz vorbei ~ in die **Wiesenstraße** einbiegen ~ leicht bergauf ~ an der folgenden Kreuzung bei einem Klinkerhaus links abbiegen.

Durch einen **Campingplatz** ~ kurz darauf rechts abbiegen Richtung Woffelsbach ~ schließlich Rurberg verlassen ~ ab hier befindet sich links der Straße ein Radweg ~ in einer Rechtskurve den Weidenbach überqueren ~ weiterhin leicht bergauf ~ an der folgenden Kreuzung rechts in die **L 128** einbiegen ~ ab hier befindet sich der Radweg rechts der Straße ~ leicht bergab ~ nach einer kurzen Gegensteigung wieder bergab ~ nach Woffelsbach hineinfahren.

Woffelsbach

Rechts in die **Wendelinusstraße** abbiegen ~ dem Radschild folgen ~ kurz darauf links ~ wieder links ~ stärkeres Gefälle ~ an der nächsten Kreuzung geradeaus weiter dem Schild folgen ~ links an einem Campingplatz bzw. an einigen Schrebergärten vorbei ~ bergauf und geradeaus weiter ~ in den **Kirschberg** einbiegen ~ an der folgenden Kreuzung geradeaus und **Im Zemmer** weiter ~ danach ein stärkeres Gefälle ~ kurzzeitig eben dahin ~ gefolgt von einem leichten Anstieg ~ knapp am See entlang ~ an der nächsten Kreuzung rechts Richtung Heimbach/Rurtalsperre abbiegen ~ dem Verlauf der **Schilsbachstraße** folgen ~ zunächst etwas steiler bergab ~ danach nimmt das Gefälle ab.

Nach einer kleinen Brücke rechts abbiegen ~ dem kleinen weißen Schild folgen ~ an einem Ferienheim vorbei ~ zunächst ein kurzes Flachstück ~ danach wellig dahin ~ an einem Zaun entlang ~ der Weg wird wieder flacher ~ an einer Felsenwand entlang ~ leicht bergab ~ kurz darauf eine Gegensteigung ~ an einem Bootsclub vorbei ~ bergauf weiter ~ links an einem Campingplatz entlang.

Der Asphaltweg endet hier und geht in einen Schotterweg über ~ am Segelclub vorbei ~ unmittelbar danach rechts abbiegen und dem Radschild folgen ~ bergab bis zu einer Schranke ~ hier das Schild Richtung Rurtalsperre/Heimbach ~ immer dem See entlang ~ die nach links abzweigenden Forststraßen nicht beachten und den kleinen weißen Schildern weiterhin folgen ~ an der Kreuzung vor dem **Eschaueler Berg** rechts abbiegen.

Tipp: Hier können Sie links zur Kalltalroute abbiegen. Diese führt über Schmidt nach Simonskall und in einem weiten Bogen bei Zerkall zurück zum RurUfer-Radweg. Die textliche Beschreibung und kartografische Darstellung finden Sie ab Seite 34.

Steil bergauf ~ an der folgenden Kreuzung geradeaus weiter ~ dem Schild Richtung Heimbach/Rurtalsperre weiterhin folgen ~ auf Asphalt bergab ~ kurz darauf beginnt ein Schotterweg ~ oberhalb der Bootsanlegestege weiter ~ eine kleine blaue Schranke ignorieren und geradeaus weiter ~ flach am Seeufer entlang ~ an einem Zaun entlang ~ an einer Felswand vorbei ~ zur Rechten Blick auf die Insel in der Rurtalsperre ~ an einigen kleinen Buchten vorbei ~ durchgehend an einem Laubwald vorbei ~ einen größeren Yachthafen passieren.

Der Bodenbelag wechselt auf Asphalt ~ danach ein gepflastertes Stück ~ rechts am Seehof vorbei.

Seehof

Kurz darauf eine Schranke ~ am Anleger der **Rurseeschifffahrt** vorbei ~ danach rechts auf

Heimbach - Burg Hengebach

die **L 15** Richtung Heimbach abbiegen ~ ab hier das grüne RUR-Schild ~ links der Straße befindet sich ein Rad- und Fußweg ~ auf der Staumauer entlang.

Schwammenauel

Tipp: Für die Weiterfahrt nach der Vereinigung mit der Route vom rechten Ufer lesen Sie bitte auf S. 32 weiter.

Von Rurberg nach Heimbach am rechten Seeufer — *13 km*

Tipp: Die Darstellung der Route entlang des rechten Seeufers der Rurtalsperre Schwammenauel finden Sie in der Karte 5 auf S. 29.

Startpunkt vor dem Staudamm in Rurberg ~ auf dem asphaltierten Staudamm entlang.

Tipp: An dieser Stelle zweigt nach rechts der Ausflug Urftseeroute ab. Die textliche Beschreibung und kartografische Darstellung finden Sie auf den Seiten 36 und 37.

Auf der Hauptroute nach der Staumauer links abbiegen und dem grünen RUR-Schild folgen ~ eine Schranke passieren ~ auf einer ebenen Schotterstraße weiter ~ leichtes Gefälle ~ der Bodenbelag wechselt auf Asphalt ~ leicht ansteigend ~ nach einer Rechtskurve an einer Felsenwand entlang ~ kurz darauf eine Linkskurve ~ der Weg steigt weiterhin leicht an.

An der folgenden Weggabelung links dem RUR-Schild folgen ~ ab hier wieder auf Schotter eben dahin ~ anschließend leichtes Gefälle ~ zur Linken fällt das Gelände steil zum See hinab ~ eben dahin ~ der Weg entfernt sich immer mehr vom See ~ durch einen Mischwald ~ leichtes Gefälle ~ danach folgt eine Weggabelung ~ links Richtung Schwammenauel/Woffelsbach abbiegen

~ an der darauffolgenden Weggabelung geradeaus weiter ~ an einer kleinen Hütte vorbei.

Links an einem kleinen Rastplatz mit einem Brunnen vorbei ~ eben dahin ~ leichtes Gefälle ~ der Wald wird lichter ~ durch eine langgezogene Rechtskurve leicht bergauf ~ kurz darauf wieder leicht bergab ~ in einer Linkskurve über einen kleinen Bach ~ danach leichtes Gefälle ~ der Weg nähert sich wieder dem See ~ leicht hügelig dahin ~ an der kommenden Weggabelung geradeaus weiter ~ rechts an einer kleinen Steinmauer entlang ~ eben dahin ~ bis zu einer kleinen Lichtung durchgehend leichtes Gefälle ~ nach einer Linkskurve folgt ein leichter Anstieg ~ eine Schranke passieren ~ bis zum Parkplatz vorfahren.

Schwammenauel

An der Bundesstraße links ~ kurz darauf rechts abbiegen und dem RUR-Schild Richtung Schwammenauel/Heimbach/Düren folgen.

Tipp: An dieser Stelle treffen die beiden Routen „Rechtes und Linkes Ufer" wieder zusammen.

Der Schwammenaueler Staudamm

Rechts an einem Campingplatz vorbei ~ es folgt ein etwas steileres Gefälle ~ nach einer Rechtskurve an einer Koppel vorbei ~ weiterhin bergab ~ an der darauffolgenden Kreuzung rechts dem RUR-Schild folgen ~ rechts an der angestauten Rur entlang ~ links an einem Jugendstilkraftwerk vorbei ~ geradeaus weiter ~ eine Schranke passieren ~ auf dem Rad- und Fußweg weiter dem Heimbacher Staubecken entlang ~ leichtes Gefälle ~ erneut eine Schranke passieren ~ weiterhin geradeaus in Richtung Heimbach ~ an den Häusern von **Langerscheid** vorbei ~ dem Zaun entlang der angestauten Rur folgen ~ rechts an einer kleinen Staumauer vorbei ~ danach ebenfalls rechts an einer Kapelle vorbei.

In das Ortsgebiet von Heimbach fahren ~ unterhalb der **Burg Hengebach** vorbei.

Heimbach

PLZ: 52396; Vorwahl: 02446

- **Rureifel-Tourismus Zentrale** und **Nationalpark-Tor Heimbach**, An der Laag 4 (Bahnhof), ✆ 805790. Nationalpark-Tor ÖZ: tägl. 10-17 Uhr. Neben allen relevanten Informationen zum Nationalpark Eifel erhalten Sie einen Einblick in die Geheimnisse des Buchenwaldes. Zentrales Element der Ausstellung ist ein begehbares Hörspiel. www.rureifel-tourismus.de
- **Rurseeschifffahrt Schwammenauel**, ✆ 479. Fahrten auf dem Rursee und Obersee von Apr.-Okt.
- **Trappistenabtei Mariawald**. Das Kloster wurde 1480 von Zisterziensern gegründet, 1802 säkularisiert und 1860 von Trappisten besiedelt.
- **Burg Hengebach**. Die im 11. Jh. entstandene Burg ist das Wahrzeichen Heimbachs. Abends bietet sie Raum für kulturelle und volkstümliche Veranstaltungen.
- **Burg Hausen**. Die Burg ist zweigeteilt, jedoch von außen gut einsehbar. In einem Teil befand sich bis vor einiger Zeit noch ein Hotel. In der ehemaligen Vorburg, welche zugänglich ist, wartet das Hausener Kaffeestübchen auf Besucher.

Burg Blens. Auf einer Zeichnung aus dem Jahre 1723 ist die Burg mit zwei Türmen und drei Giebeln abgebildet. Heute ist sie in Privatbesitz.

Haus des Gastes, Über Rur, ☎ 3578, ÖZ: April-Okt., 10-12 Uhr und 14-17 Uhr, Nov.-März, tägl. 14-17 Uhr. Die Naturerlebnisausstellung widmet sich der Frage nach der Entstehung und der Nutzung der Landschaft. Es können außerdem wechselnde Kunstausstellungen besichtigt werden.

Jugendstil-Wasserkraftwerk, ☎ 9504320. Das Kraftwerk beherbergt eine Ausstellung historischer Elektrogeräte, welche im Rahmen einer Führung besichtigt werden können.

Wasser-Info-Zentrum Eifel, Karl-H.-Krischer-Pl. 1, ☎ 9119906, ÖZ: Di-So 14-17 Uhr, So Besucherführung 14.30 Uhr. Schwerpunkt sind die Themen Natur, Umwelt und Wassertechnik, es wird jedoch auch eine Verbraucherberatung angeboten.

Nationalpark Eifel, Nationalparkforstamt Eifel, 53937 Schleiden-Gemünd, Urftseestr. 34, ☎ 02444/95100. Seit Januar 2004 machen 10.700 ha inmitten des Deutsch-Belgischen Naturparks Hohes Venn-Eifel den ersten Nationalpark Nordrhein-Westfalens aus. Das Schutzgebiet kann auf eigene Faust „durchforstet" werden, man kann sich jedoch auch von Rangern führen lassen.

Naturschutzgebiet Buntsandsteinfelsen im Rurtal zwischen Heimbach und Kreuzau

Naturschutzgebiet Ruraue von Heimbach bis Obermaubach

Der Wallfahrtsort im Rurtal ist neben seiner historischen Atmosphäre auch für klimatische Besonderheiten bekannt. Heimbach ist ein staatlich anerkannter Luftkurort.

Nationalpark Eifel

Der Nationalpark Eifel wurde am 1.1.2004 gegründet und ist somit der jüngste in ganz Deutschland.

In dem 110 km² großen Nationalpark werden Buchenwälder auf sauren Böden großflächig geschützt. Er liegt im Mittelgebirge der nördlichen Eifel und wird von der Urft und Rur durchflossen, welche zu Talsperren aufgestaut werden. Der Park bietet Buchenwälder auf sanften Berghöhen, Eichenwälder an felsigen Südhängen, schattige und kühle Schluchtwälder mit Farnen, Bachtäler mit blühenden Wiesen und schroffe Felsen. Alles zusammen ein idealer Lebensraum für mehr als 240 bedrohte Tier- und Pflanzenarten. 1.300 verschiedene Käferarten wurden bisher gezählt, Rothirsche, Wildkatzen, Biber, Schwarzstörche, Uhu und die seltene Mauereidechse leben hier. Eine pflanzliche Besonderheit des Nationalparks Eifel ist die Gelbe Narzisse, die als Wildpflanze nur an der westlichen Landesgrenze Deutschlands vorkommt.

Kalltalroute 31 km

Tipp: Dem Wunsch der Tourismusverantwortlichen haben wir gerne entsprochen und diesen Ausflug in unser Buch mit aufgenommen. Da jedoch eine Überprüfung durch unsere Redakteure vor Ort nicht mehr möglich war, können wir leider keine Angaben über die Wegequalität der Strecke machen.

Beim Eschaueler Berg links abbiegen ~ bergauf **Zum Eschauel** folgen ~ dieser geht in den **Eschaueler Weg** über ~ weiterhin bergauf ~ in Schmidt vom Eschaueler Weg links in die **Heimbacher Straße** einbiegen.

Schmidt

PLZ: 52385; Vorwahl: 02474

- St. Mokka
- Wildpark Schmidt

Die Heimbacher Straße geht an der Kirche in die **Monschauer Straße** über ~ dieser bzw. im Anschluss dem örtlichen Wanderweg 7 folgen ~ nicht ins Huschelbachtal, sondern bei der zweiten Möglichkeit nach der Unterquerung der L 246 links abbiegen.

Infopunkt Zerkall

Tipp: Wenn Sie an dieser Stelle geradeaus weiterfahren auf dem Wanderweg 7 und 8, dann können Sie die Schleife abkürzen, kommen dann jedoch nicht nach Simonskall. Die Länge der Route verkürzt sich dadurch auf 22 km.

Weiterhin dem Wanderweg 7 bis kurz vor Silberscheidt folgen ~ an der L 160 rechts Richtung Vossenack bzw. Simonskall abbiegen ~ bei **Kallbrück** die L 160 verlassen und rechts hinter der Kallbrücke und vor dem Anstieg in die Naturparkroute einbiegen ~ dieser bis Simonskall folgen.

Simonskall

PLZ: 52393; Vorwahl: 02429

- Otto-Junker-Haus, Haus des Gastes, ✆ 7153, ÖZ: Mi, Sa 14.30 -18.30, So 10-16 Uhr.
- Kremer Mühle
- „Die Burg"
- Dokumentation des Geschichtsvereins e. V. „Hürtgenwald 1944 und im Frieden", Pfarrer-Dickmann-Str. 21-23, Hürtgenwald-Vossenack, ✆ 902613, ÖZ: So 11-17 Uhr, Winterpause von Mitte Dezember bis Februrar. Besuch auf Voranmeldung auch zu anderen Terminen sowie in der Winterpause möglich.

Der Naturparkroute durchs Kalltal vorbei an der **Mestrenger Mühle** bis Zweifallshammer folgen ~ von dort auf dem örtlichen Wanderweg 6 bis nach Zerkall, wo der Anschluss an den RurUfer-Radweg hergestellt wird.

Zerkall

PLZ: 52393; Vorwahl: 02427

- **Nationalpark-Infopunkt Zerkall**, Auel 1; ✆ 909026, www.infopunkt-zerkall.de, ÖZ: Di-So 10-17 Uhr.

Tipp: Für die Weiterfahrt entlang der Rur lesen Sie bitte auf Seite 41, Karte 7 weiter.

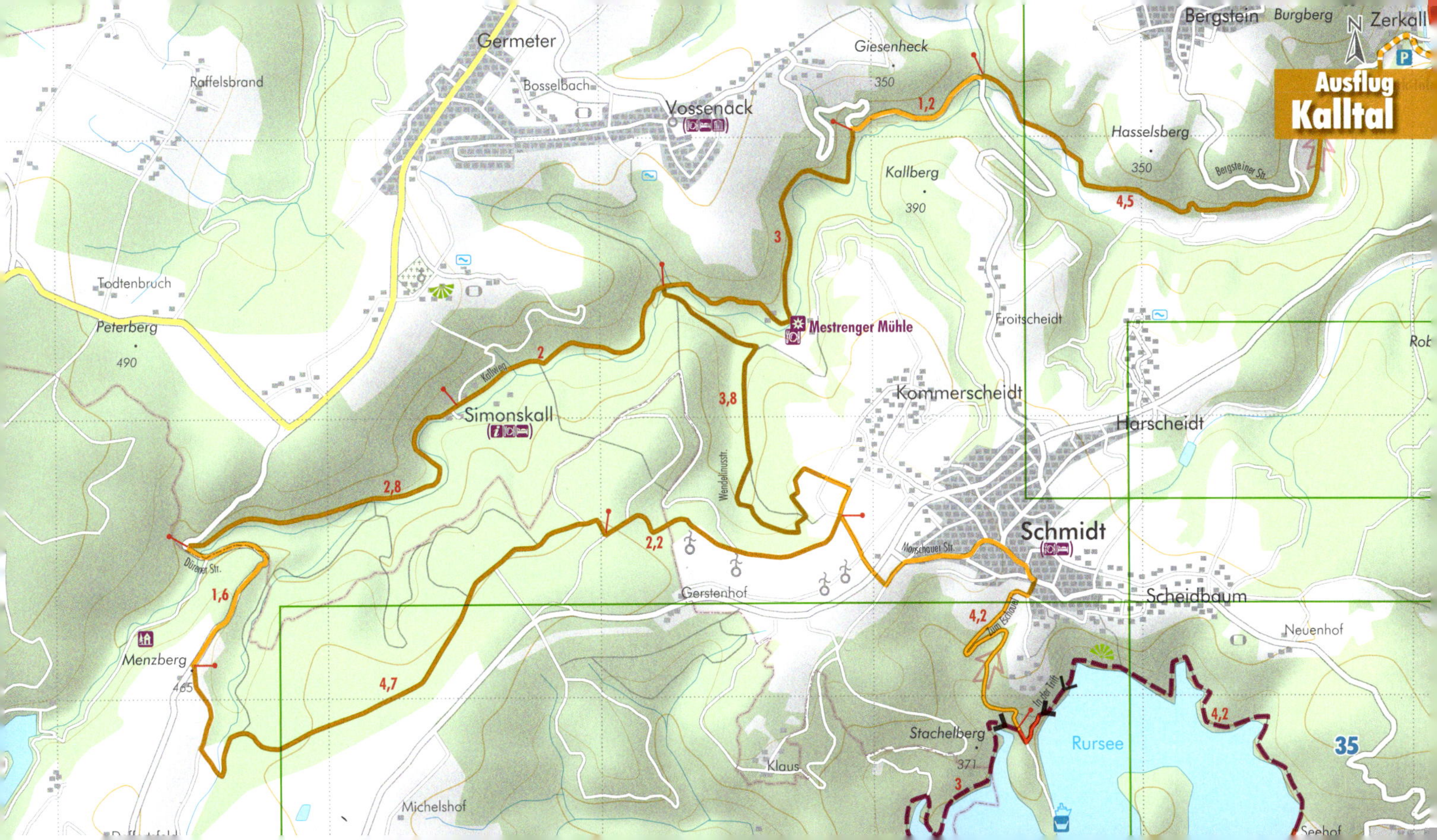
Ausflug
Kalltal
Germeter
Bosselbach
Vossenack
Giesenheck
350
Bergstein
Burgberg
Zerkall
N
Raffelsbrand
Hasselsberg
350
Bergsteiner Str.
Kallberg
390
1,2
4,5
3
Todtenbruch
Peterberg
490
Mestrenger Mühle
Froitscheidt
Kallweg
2
Simonskall
3,8
Kommerscheidt
Harscheidt
Wendelinusstr.
2,8
Schmidt
Monschauer Str.
2,2
Dürener Str.
1,6
Gerstenhof
Scheidbaum
4,2
Neuenhof
Menzberg
465
4,7
In der Trift
Stachelberg
371
Rursee
4,2
Klaus
3
Michelshof
Seehof

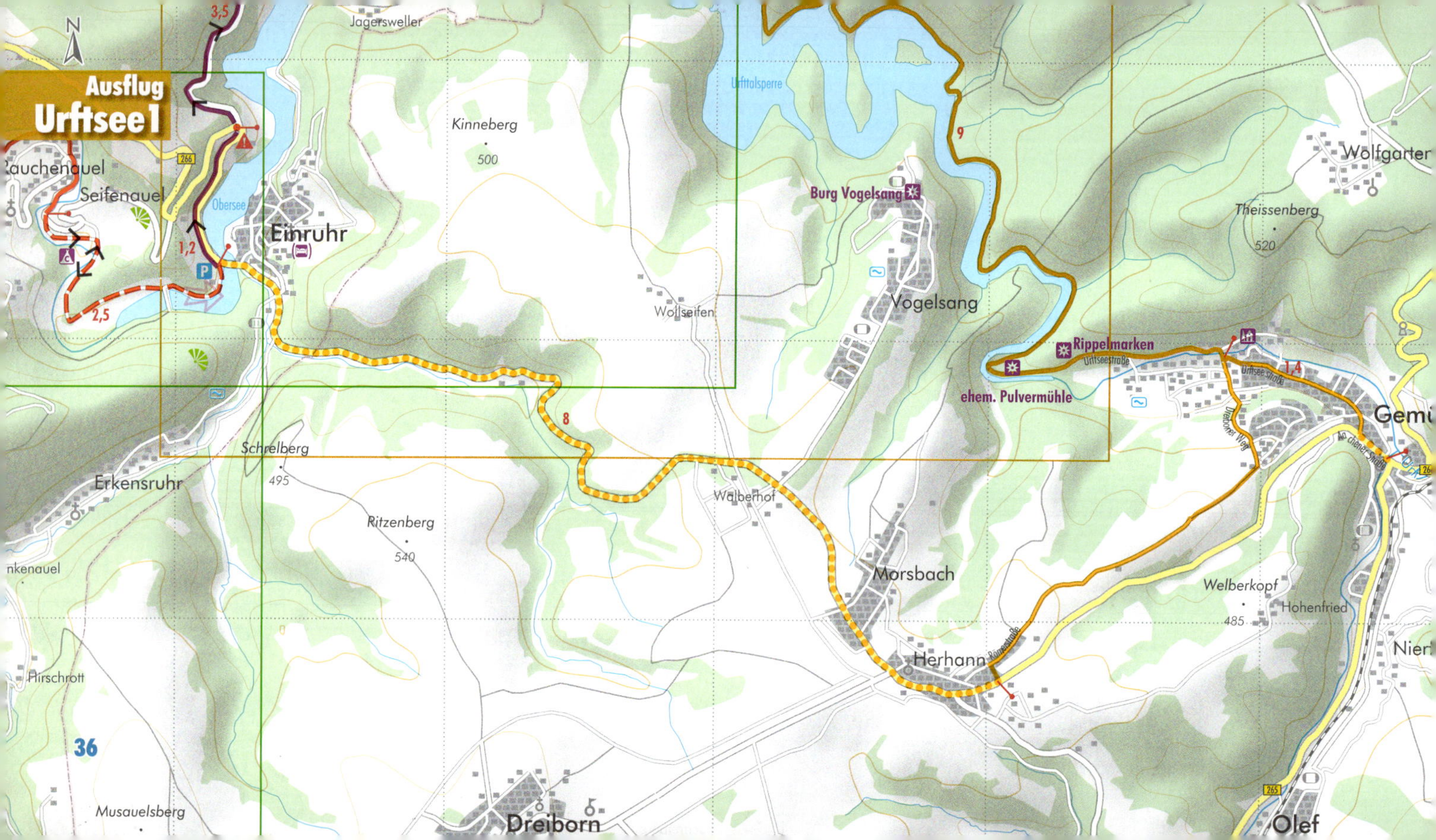

Ausflug
Urftsee 1
N
Jagersweller
Kinneberg
500
Urftalsperre
Rauchenauel
Seifenauel
266
Obersee
Einruhr
1,2
2,5
3,5
Burg Vogelsang
Vogelsang
Wollseifen
9
Theissenberg
520
Wolfgarten
Rippelmarken
ehem. Pulvermühle
Urftseestraße
1,4
Gemü
8
Schrelberg
495
Erkensruhr
Walberhof
Ritzenberg
540
Morsbach
Welberkopf
485
Hohenfried
Herhann
Nier
Hirschrott
36
Musauelsberg
Dreiborn
Olef
265

Urftseeroute

Tipp: Dem Wunsch der Tourismusverantwortlichen haben wir gerne entsprochen und diesen Ausflug in unser Buch mit aufgenommen. Da jedoch eine Überprüfung durch unsere Redakteure vor Ort nicht mehr möglich war, können wir leider keine Angaben über die Wegequalität der Strecke machen.

Nach dem **Paulushofdamm** in Rurberg halten Sie sich rechts und folgen der Straße nahe am Seeufer bis nach **Gemünd.**

Tipp: In Gemünd entscheiden Sie ob Sie auf derselben Strecke wieder zurückfahren oder die Route zu einem Rundkurs verbinden, bei dem Sie in **Einruhr** wieder mit der Hauptroute zusammentreffen.

Gemünd

PLZ: 53937; Vorwahl: 02444

- **Touristik Schleidener Tal e. V.**, Kurhausstr. 6, ✆ 2011
- **Nationalpark-Tor Gemünd**, Kurhausstr. 6, ✆ 2011, ÖZ: tägl. 10-17 Uhr.
- **Kurhaus mit Kneippanlage**, Haus des Gastes, Kurhausstr. 6, ✆ 2011

Wenn Sie sich für den Rundkurs entscheiden, fahren Sie nicht bis nach Gemünd hinein, sondern biegen in **Malsbenden** sobald Sie die Urft überquert haben rechts ab ~ bei der nächsten Kreuzung geradeaus ~ Sie folgen der Straße, welche parallel zur B 266 verläuft bis nach **Herhahn** ~ dort wechseln Sie auf die Bundesstraße ~ die **B 266** bringt Sie mitten durch den Truppenübungsplatz wieder zurück nach **Einruhr**.

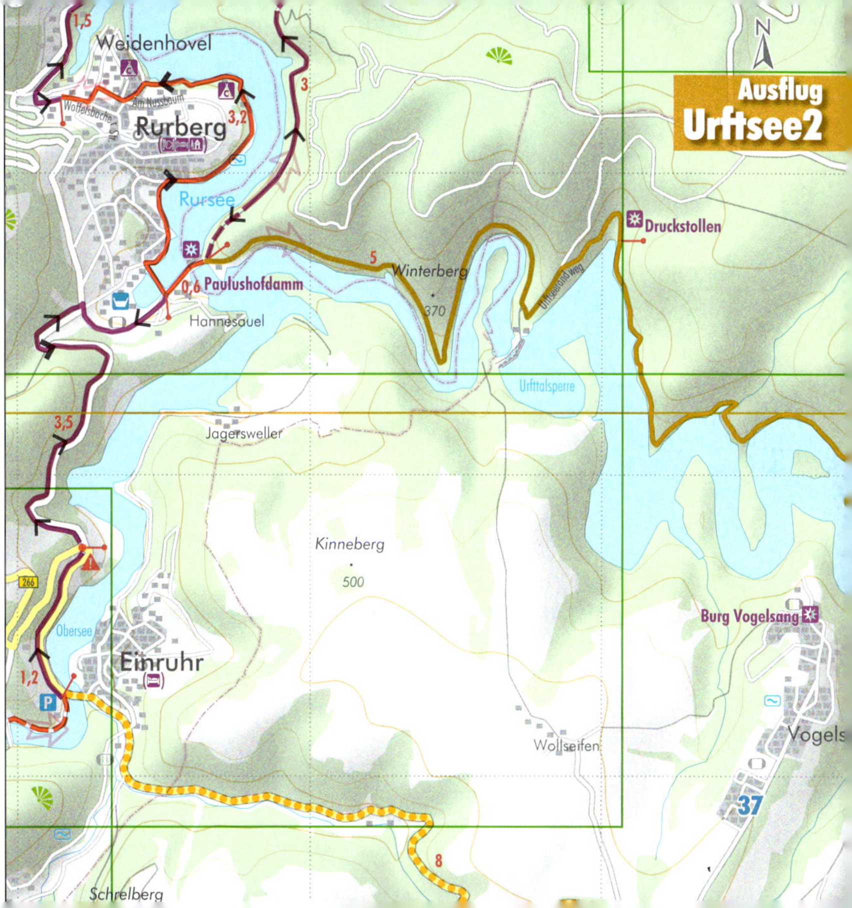

Von Heimbach nach Jülich

49,5 km

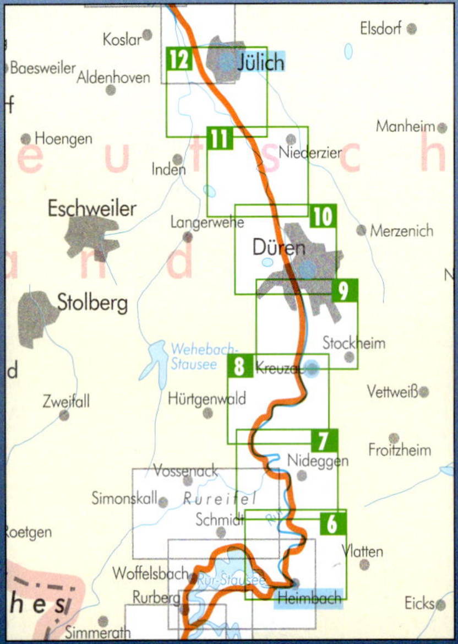

Mit zahlreichen Windungen schlängelt sich die Rur nun zielstrebig nach Norden und verlässt langsam die anmutigen aber auch anstrengenden Hügel der Eifel. Einige Kilometer vor Düren verändert sich die Landschaft immer mehr, das Land wird weiter, immer ebener und die Bebauung verdichtet sich. Düren ist die erste größere Stadt und zentral am Verkehrsknotenpunkt zwischen Köln und Aachen gelegen. Die sanften Uferauen nehmen Sie dann auf und tragen Sie in die nächste größere Ansiedlung, in das sehenswerte Jülich.

Die Route führt anfangs auf ruhigen Nebenstraßen und teils asphaltierten, teils unbefestigten Wirtschaftswegen weiter. Kurz vor Düren verläuft der RurUfer-Radweg dann auf einem unbefestigten Radweg immer in Flussnähe. Erst kurz vor Jülich wechselt die Route wieder auf asphaltierte Radwege. Steigungen begegnen Ihnen noch bis Obermaubach, ab dort verläuft die Route nur noch eben. Verkehrsreiche Abschnitte gibt es nicht.

Heimbach s. S. 32

Von Heimbach nach Düren *31 km*

Unmittelbar nach einem Bistro mündet der RurUfer-Radweg in die **Hengebachstraße** ~ hier links abbiegen.

Tipp: Wenn Sie den folgenden Kreisverkehr sofort rechts verlassen, gelangen Sie zum Nationalpark-Tor Heimbach sowie zum Haltepunkt der Rurtalbahn.

Im Kreisverkehr die dritte Ausfahrt nehmen und auf das andere Ufer wechseln ~ der Straße direkt neben dem Fluss bis zu einer Brücke folgen ~ rechts die Rur und die Bahnlinie wieder überqueren ~ rechts der Straße auf dem Radweg weiter ~ an einem großen **Campingplatz** vorbei ~ an der folgenden Kreuzung geradeaus weiter und dem Radstreifen, der sich zwischen der Bahnlinie und der **L 249** befindet, folgen.

Hausen

An der nächsten Kreuzung links abbiegen und über die Bahn ~ dem RUR-Schild folgen ~ der Radstreifen endet hier ~ die Rur überqueren ~ links am Campingplatz vorbei ~ ein etwas steilerer Anstieg.

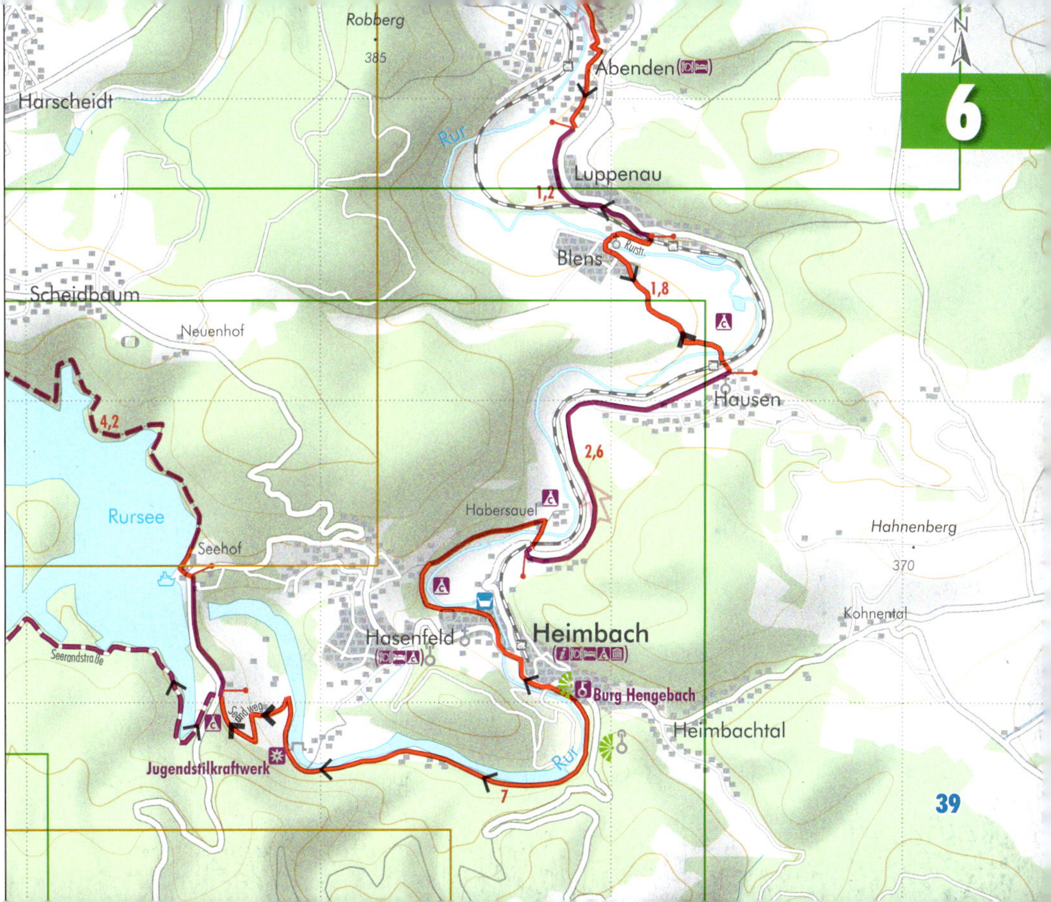

Tipp: Schöne Aussicht auf die Buntsandsteinfelsen.

Danach eben dahin und an einigen Feldern vorbei ~ an einer Koppel entlang ~ leichtes Gefälle ~ auf der **St. Georg-Straße** nach Blens hineinfahren.

Blens

An der folgenden Kreuzung bei dem kleinen Kreuz rechts weiter ~ an einer Kapelle vorbei ~ leicht bergab durch den Ort ~ am **Blenser Platz** rechts abbiegen und die Rur überqueren ~ rechts in die **Rurstraße** einbiegen ~ an einigen Sportanlagen vorbei ~ kurz darauf erneut die Rurtalbahn überqueren ~ Blens verlassen. An der folgenden Kreuzung links abbiegen und auf dem Rad- und Fußweg, der sich links der Straße befindet, weiterfahren ~ leichter Anstieg ~ etwas später wird der Weg wieder eben ~ an der kommenden Kreuzung links in die **Blenser Straße** abbiegen ~ hier endet der Radweg.

Abenden

Auf der engen Straße durch den Ort ~ beim Café Jansen links weiter ~ danach geradeaus ~ an einem Kreuz vorbei ~ rechts an einem Hotel vorbei ~ unmittelbar danach rechts in die **Palanderstraße** abbiegen ~ an der

Buntsandsteinfelsen

Rur entlang ~ an einigen Fachwerkhäusern vorbei ~ danach links in den **Berrefeldweg** abbiegen.

Nach der Marienstatue folgt ein leichter Anstieg ~ rechts an Wiesen vorbei ~ an der folgenden Weggabelung links abbiegen ~ leicht bergab ~ danach wieder eben dahin ~ an der darauffolgenden Kreuzung rechts dem RUR-Schild folgen ~ unmittelbar danach links abbiegen ~ leicht bergauf ~ weiter durch einen Laubwald ~ danach geht es hügelig dahin ~ gefolgt von einem etwas steileren Gefälle ~ durch eine Linkskurve und weiterhin dem RUR-Schild folgen.

Rechts an einer Koppel entlang ~ eine Schranke passieren ~ es geht eben weiter ~ rechts an Wiesen entlang ~ kurz darauf an einigen Felsen vorbei ~ an der kommenden Kreuzung links in die Vorfahrtsstraße **L 11** abbiegen.

Brück

Burg Nideggen ist eine der wenigen Höhenburgen der Voreifel und liegt auf einem Felsen hoch über der Rur. In dieser Burg war früher ein „prominenter" Häftling eingekerkert. Es handelte sich um den Kölner Erzbischof Konrad von Hochstaden. Erst durch die Zahlung einer hohen Summe wurde der Erzbischof freigelassen. Dies trug natürlich zur Sicherung des Jülicher Gebietes gegenüber dem Kurstaat Köln bei. Der ehemalige „Damenerker" bietet heute den Besuchern einen tollen Ausblick auf die umliegende Landschaft. Außerdem ist in den alten Mauern ein Restaurant und das Rheinische Burgenmuseum untergebracht.

In die Ortschaft hineinfahren ~ vor bis zum Kreisverkehr ~ dort sofort rechts abbiegen Richtung Kleinhau ~ am **Bahnhof Nideggen** vorbei ~ flach dahin ~ Brück verlassen ~ die Bahnlinie überqueren.

Zerkall

Tipp: Hier trifft die Kalltalroute wieder auf den RurUfer-Radweg. Die Beschreibung der Kalltalroute finden Sie auf Seite 34.

Kurz vor dem Ortseingang rechts zum Nationalpark-Infopunkt abbiegen ~ hier bietet es sich an eine kurze Rast einzulegen ~ auf der Rad- und Fußwegbrücke die Rur überqueren ~ unmittelbar hinter der Brücke links und gleich wieder rechts Richtung Restaurant Gut Kallerbend abbiegen ~ rechts an einer Wiese entlang ~ immer knapp an der Rurtalbahn entlang ~ rechts am Gut Kallerbend vorbei und dem Schild folgen ~ auf einer Holzbrücke die Rur überqueren.

Gut Kallerbend

Vor einem weiteren Gut rechts in einen schmalen Schotterweg einbiegen ~ links an einer Koppel vorbei ~ neben dem Metallgatter mündet der Schotterpfad in einen Asphaltweg ~ leichter Anstieg ~ zwischen den Koppeln hindurch.

Nach einem kurzen Flachstück beginnt der Weg leicht zu fallen ~ danach wechselt der Bodenbelag wieder auf Schotter ~ weiterhin an einigen Koppeln und dann am Waldrand

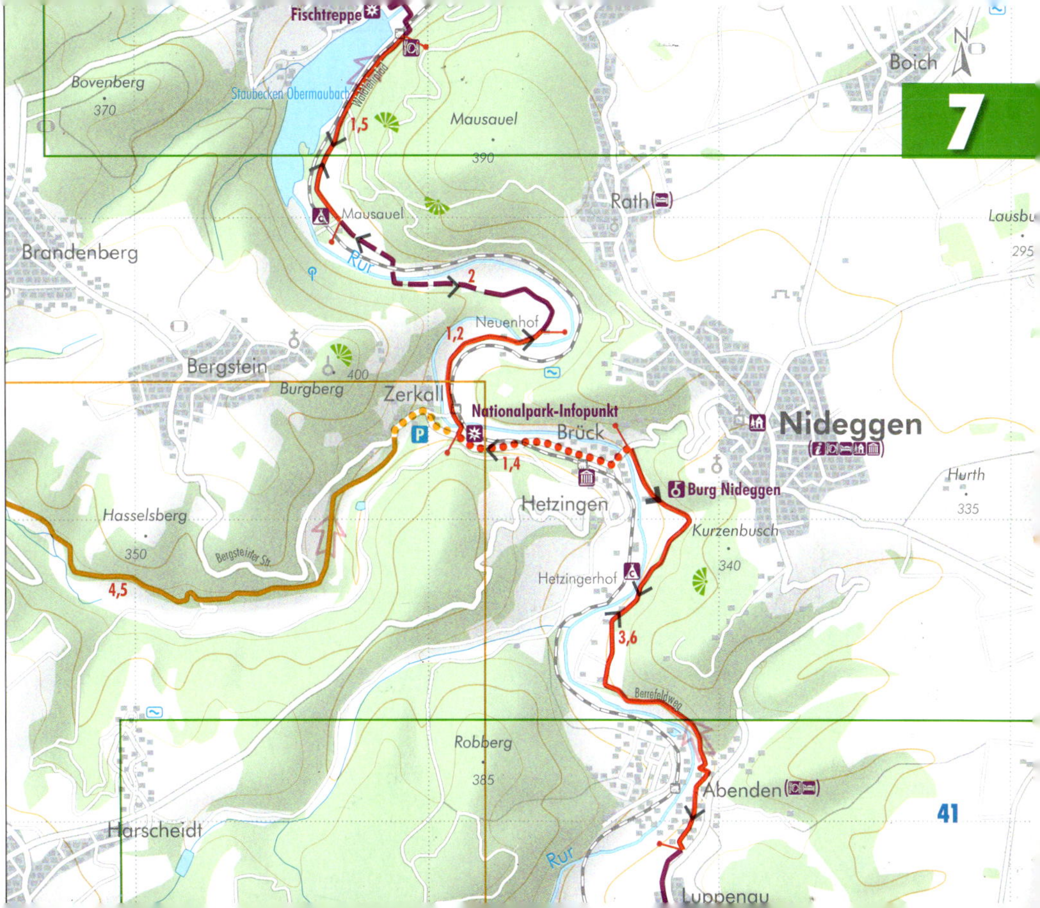

entlang ~ schließlich nach rechts zu einem Metallsteg abbiegen und die Rur überqueren ~ danach links abbiegen und knapp an der Rurtalbahn entlang ~ der Bodenbelag wechselt wieder auf Asphalt ~ kurz darauf rechts abbiegen und die Bahnlinie überqueren.
Hier dem Schild der Kaiserroute bzw. dem hellgrünen Wegweiser mit der Aufschrift Felspassage folgen ~ weiter auf Schotter ~ links dem Holzschild Richtung Obermaubach folgen ~ rechts der Rurtalbahn weiter ~ links an einem Feld vorbei ~ dem RUR-Schild weiter geradeaus folgen ~ ein kurzer Anstieg ~ danach geht der Schotterweg in eine schmale Asphaltstraße über ~ leichtes Gefälle ~ rechts am Gut Mausauel vorbei.

Gut Mausauel

Der Weg wird flacher und verläuft direkt neben der Rurtalbahn ~ nach einem sehr leichten Anstieg fällt der Weg wieder ~ immer am **Staubecken Obermaubach** entlang.

Das Staubecken Obermaubach

Dieses Staubecken wurde in den Jahren 1933/34 vorerst als Wochenausgleichsbecken – wie das in Heimbach – errichtet. Über den Damm mit einer Länge von 239 Meter und einer Breite

Burg Untermaubach

von 5 Metern führt eine befahrbare Straße. An der Wehranlage ist auch hier ein Wasserkraftwerk in Betrieb.

Nach dem Gasthof links abbiegen ~ die Rurtalbahn überqueren ~ danach rechts und links der Bahnlinie auf dem Rad- und Fußweg weiter ~ am Kanuclub und am Sportplatz vorbei ~ bei der nächsten Gelegenheit links abbiegen ~ weiterhin am Sportplatz entlang ~ auf Schotter weiter ~ kurz darauf über eine kleine Holzbrücke.
Unmittelbar nach der Brücke links abbiegen und auf dem Schotterweg weiterfahren ~ der Beschilderung folgen ~ den Schotterweg verlassen und einen Parkplatz überqueren ~ bis zur Ortsdurchfahrtsstraße vorfahren.

Obermaubach

Burg Obermaubach. Es scheint sich um eine zweiteilige Wasserburg auf einem Hügel gehandelt zu haben. Heute ist sie fast vollständig zerstört. Nur gegen die Rur hin blickt ein Rundbogentor mit Rollen und Konsolen für eine Zugbrücke.

Hier rechts in den Radweg abbiegen ~ Obermaubach verlassen ~ an der darauffolgenden Kreuzung rechts ~ ab hier wieder auf Schotter weiter ~ an einigen Feldern vorbei ~ rechts an einer Koppel vorbei ~ unterhalb der **Burg Untermaubach** vorbei.

Untermaubach

Burg Untermaubach (1350). Von Edmund von Engelsdorf, einem Vasallen der Herzöge von Jülich erweitert, später von seinem Schwager Werner von Palant ausgebaut. Der gotische Wohnturm stammt aus der ersten Hälfte des 14. Jhs., der dreigeschossige Torturm und die Ringmauer aus dem 14. und 15. Jh., Wohnhaus, Burgkapelle und die übrigen Anbauten aus dem 17. und 18. Jh. Heute in Privatbesitz.

Scharf nach rechts abbiegen und dem RUR-Schild folgen ~ über eine kleine Betonbrücke ~ sofort danach rechts auf einen Schotterweg abbiegen ~ zwischen Kanal und Rur entlang ~ bei der nächsten Gelegenheit links abbiegen und über den schmalen Steg die Rur überqueren ~ unmittelbar danach wieder links abbiegen.

Schlagstein

Dem Schotterweg zwischen Rur und Bahnlinie folgen ~ links an einem kleinen Rastplatz vorbei ~ weiterhin flach dahin ~ an einem Kinderspielplatz links vorbei ~ kurz vor der Brücke rechts abbiegen ~ beim Steinhaus rechts in den **Brückenweg** ~ sofort darauf links in den Weg **Rauvsauel** abbiegen ~ an einem Klinkergebäude vorbei ~ rechts abbiegen ~ an einem Campingplatz vorbei ~ an der folgenden Weggabelung links weiter ~ knapp an der Bahnlinie entlang ~ durch den Campingplatz.

Üdingen

Fortlaufend rechts an der Rur entlang ~ schließlich links abbiegen und auf einer kleinen Holzbrücke über den Fluss ~ danach rechts weiter ~ an einer größeren Brücke vorbei ~ die Straße überqueren ~ weiterhin an der Rur entlang ~ die links abzweigenden Wege zur Ortschaft **Winden** nicht beachten ~ dem Verlauf der Rur folgen ~ schließlich rechts zu einem geschwungenen Betonsteg abbiegen und die Rur überqueren ~ sofort danach links abbiegen und auf dem Schotterweg weiter.

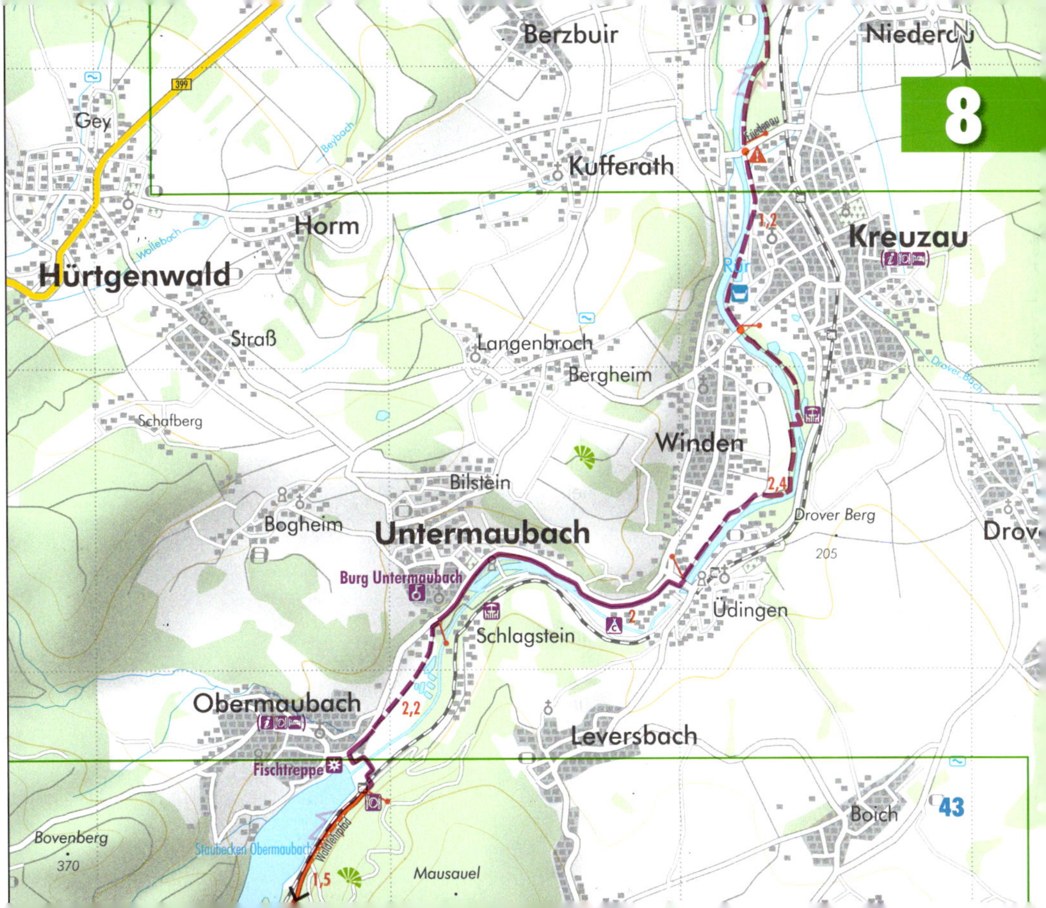

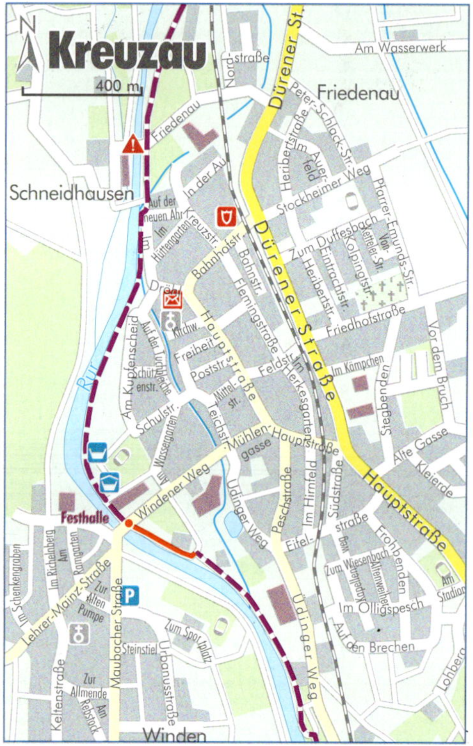

Links an der Raststation **An den drei Erlen** vorbei ~ eben durch den Auwald dahin ~ eine Wiese überqueren ~ links an einem kleinen Teich vorbei ~ an der folgenden Weggabelung rechts abbiegen ~ der Schotterweg mündet in eine Asphaltstraße ~ hier links ~ an der Vorfahrtsstraße erneut links ~ unmittelbar danach wieder rechts in den geschotterten Rad- und Fußweg.

Kreuzau

PLZ: 52372; Vorwahl: 02422

- **Gemeinde Kreuzau**, Bahnhofstr.7, ✆ 507, www.kreuzau.de
- **Pfarrkirche St. Heribert** (13. Jh.), Eine hochgotische Basilika aus roten Sandsteinquadern. Das südliche Schiff stammt aus den Jahren 1869-72, das nördliche aus 1906-07. Sehenswert das älteste Glasfenster im Dürener Raum und die spätgotischen Holzfiguren vom Niederrhein.
- **Burg Kreuzau** (18. Jh.), schlichte Burganlage aus rotem Buntsandstein. Heute in Privatbesitz.
- **Heimatmuseum „Grafschaft Molbach"**, Heidbüchel 4, ✆ 8476

Da, wo die Rur die Nordeifel verlässt und in den Düren-Jülicher Raum einfließt, liegt der Ort Kreuzau. In einer Urkunde von 1319 findet sich erstmals der Name „Auwe superior". Die Besiedelung erfolgte jedoch schon viel früher. In vorrömischer Zeit wurde neben der land- und forstwirtschaftlichen Bodennutzung bereits Ton keramisch verarbeitet. 1662 fasste die Papierindustrie Fuß, begünstigt durch das weiche Wasser der Rur und wurde bald zum vorherrschenden Wirtschaftszweig.

Durch eine Rechtskurve ~ links am **Freibad** vorbei ~ an der kommenden Weggabelung links abbiegen und durch eine Birkenallee weiter geradeaus ~ bei der folgenden Weggabelung links dem Schotterweg weiter folgen ~ über einen kleinen Steg ~ danach die Straße **Friedenau** überqueren ~ ⚠ Gefährliche Kreuzung.

Links am alten Fabrikgelände und am Hundeübungsplatz vorbei ~ unmittelbar danach an der Weggabelung links abbiegen und am Sportplatz vorbei ~ kurz darauf wieder links abbiegen ~ eben der Rur entlang ~ durch einen Laubwald ~ an der folgenden Weggabelung geradeaus weiter ~ rechts an einem Betonsteg mit blauem Geländer vorbei ~ den Wegweiser nach rechts Richtung **Schloss Burgau** nicht beachten ~ an einer Wegverengung ganz knapp an der Rur

Zwischen Kreuzau und Niederau

entlang ⁓ auf einem schmalen Betonsteg oberhalb einer Schleuse rechts an einem Wehr vorbei.

Niederau

♿ **Schloss Burgau**. Das Wasserschloss wurde auf einem künstlich angelegten Hügel errichtet, die Entstehung der Vorburg lässt sich auf 1690 zurückdatieren. Das beliebte Ausflugsziel bietet seit 1999 Raum für eine Theaterschule, musikalische Veranstaltungen und Wechselausstellungen.

Kurz darauf einen kleinen Bach auf einem Holzsteg überqueren ⁓ links an einer Schleuse, dann an einem Hochhaus vorbei ⁓ unter der Brücke hindurch ⁓ unterhalb der Brücke ein kurzes Stück auf Asphalt ⁓ danach wird der Schotterweg wieder fortgesetzt ⁓ durch eine Rechtskurve ⁓ kurz darauf links abbiegen und

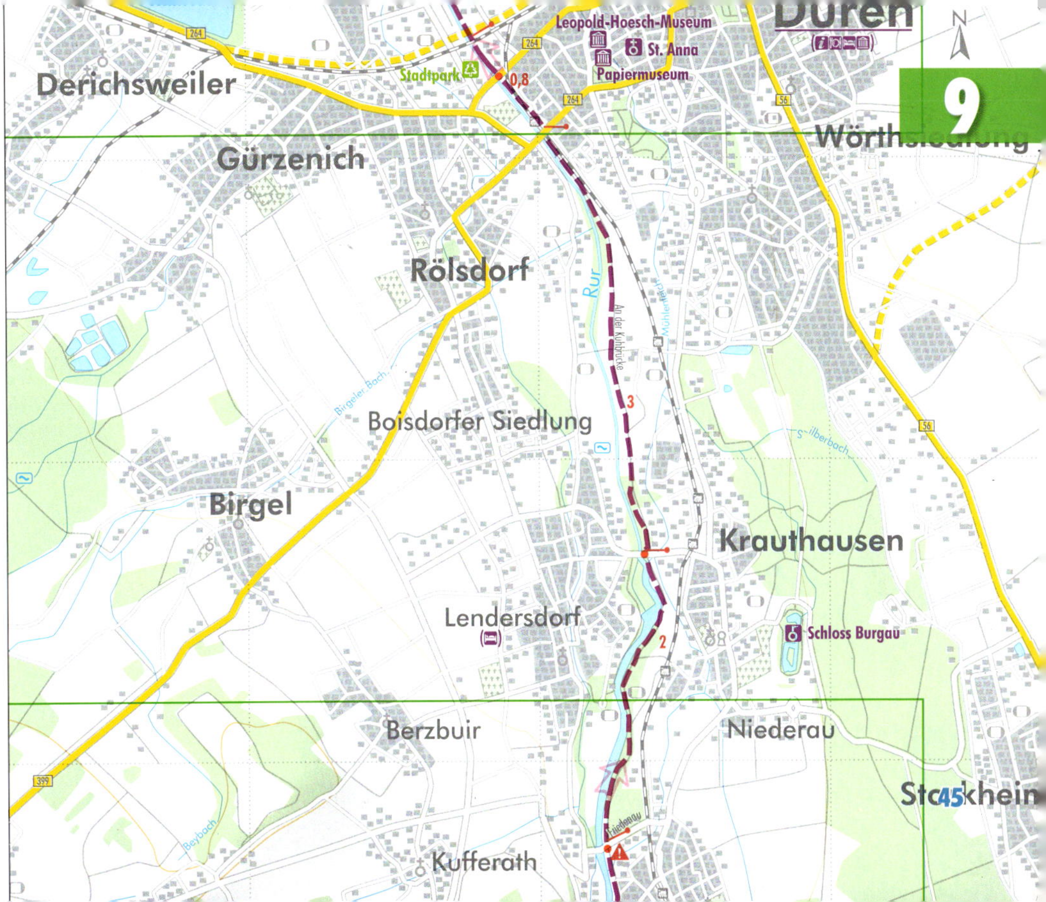

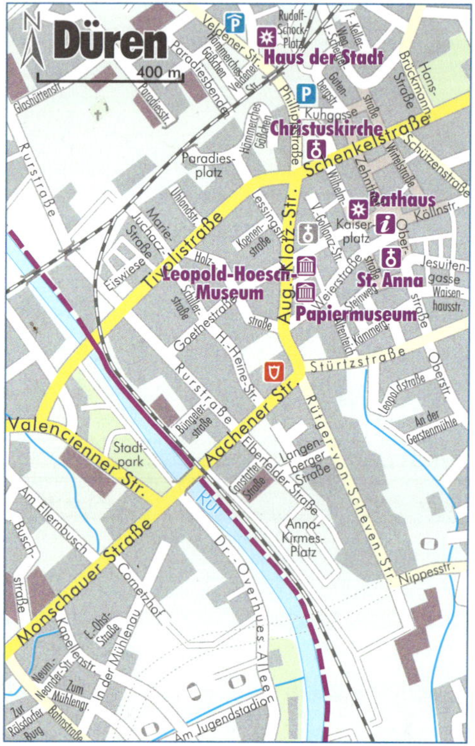

dem RUR-Schild folgen ~ links an einem großen Fabrikgelände vorbei ~ weiterhin rechts nahe der Rur entlang ~ links an einem Sportplatz vorbei ~ bis zu einem Metallzaun fahren ~ der Schotter ändert sich ~ geradeaus eben weiter, der Weg nähert sich wieder der Rur an und verläuft jetzt direkt am Ufer ~ unter der Brücke hindurch.

Tipp: Das Zentrum von Düren liegt jetzt rechter Hand.

Weiter entlang der Rur, in einer leichten Steigung zur nächsten Brücke ~ der Schotter geht wieder in Asphalt über, nach wenigen Metern die Tivolistraße an der Ampel überqueren ~ weiter dem RUR-Schild folgen.

Düren

PLZ: 52349; Vorwahl: 02421

Bürgerbüro der Stadt Düren, Markt 2, ✆ 252000, www.dueren.de

Papiermuseum, Wallstr. 2-8, ✆ 252313, ÖZ: Di 11-21 Uhr, Mi-So 11-18 Uhr. Museum der Kultur- und Entwicklungsgeschichte des Papiers mit Workshops, Multimedia- und Audio-Programmen, Wechselausstellungen und Papierkino.

Leopold-Hoesch-Museum, Hoeschpl. 1, ✆ 252561, ÖZ: Di-So 10-13 Uhr und 14-17 Uhr, Di bis 21 Uhr. 1905 als

Stiftung der Erben des Industriellen Leopold Hoesch erbaut, wurde das Museum durch die seit 1968 stattfindende Internationale Biennale der Papierkunst berühmt. Neben dem Schwerpunkt der Klassischen Moderne wird auch moderne Kunst ausgestellt.

Christuskirche, Schenkelstr. 9. Diese Kirche wurde 1953/54 auf einem kreuzförmigen Grundriss aufgebaut. Der dazugehörige kreuzförmige Glockenturm steht frei.

St. Anna, Annapl. 8. Die Hauptpfarrkirche, errichtet 1954-1956, beherbergt den St. Anna-Schrein, einen Gitterschrein aus dem 15./16. Jh. Dieser enthält die silbervergoldete Büste mit der Reliquie der Hl. Anna.

Moschee, Veldenerstr. 63. Die Moschee mit Minarett der türkischen Gemeinde von Düren ist in den ehemaligen Gebäuden der Dürener Metallwerke untergebracht.

Burg Birgel, heute ist in der Burg die Grundschule untergebracht. Wo sich früher ein Verwalterwohnhaus, Scheunen und Stallungen befunden haben, rauchen heute die Köpfe der Schüler. Beim Besuch dieser Burg bitte auf den Schulbetrieb achten.

Stadt- und Kreisarchiv Düren im Rathaus, Kaiserpl. 2-4, Zimmer 14, ✆ 252555, ÖZ: Mo-Fr 8-12 Uhr, Di-Do 14-17 Uhr. Diese zentrale Dokumentationsstelle der lokalen und regionalen Geschichte verwahrt Zeugnisse aus der Vergangenheit von Stadt und Kreis Düren.

Haus der Evangelischen Gemeinde, Wilhelm-Wester-Weg 1. In diesem 1983-1986 errichteten Ziegelsteinbau sind Gemeinderäume, Diakonie, Erziehungsberatung und eine Familienbildungsstätte untergebracht.

Haus der Stadt, Stolzestr. 1, ÖZ: Mo, Di, Fr 11-19 Uhr, Do 11-20 Uhr, Sa 10-13 Uhr. Im 1988-1991 errichteten Mehrzweckbau findet man die Stadtbücherei, ein Theater, ein Bürgerhaus für Vereine und das Jugendzentrum der Evangelischen Gemeinde Dürens. Die Stadtbücherei ist die älteste kommunale Öffentliche Bibliothek im Rheinland.

Rathaus der Stadt Düren

Willy-Brandt-Park

Hallenbad Jesuitenhof, Nideggenerstr. 70, ✆ 126191. Das Schwimmbad verfügt über Schwimmerbecken, Lehrschwimmerbecken, Sonnenbänke, einen Fitnessbereich, Römisches Dampfbad, Whirlpool und Massagebank.

Die Kreisstadt Düren an der Rur wurde erstmals 747 urkundlich als „Villa Duria" erwähnt – sie ging hervor aus dem fränkischen Königshof des Hausmeiers Pippin, der 751 König der Franken wurde. Der mittelalterliche Stadtgrundriss ist noch gut erhalten, ebenso finden sich noch einige Überreste der ehemaligen Befestigungsanlage. An die besondere Bedeutung Dürens als Pilgerstätte und Marktstadt im späten Mittelalter erinnert der Annamarkt, ein Mittelalterfest im Zentrum der Stadt.

Bereits 1576 erfolgte in Düren nachweislich Papierherstellung, ein traditioneller Wirtschaftszweig der Stadt, der ihr den Ruf als Papierstadt einbrachte. Dazu tragen auch die internationale Papierbiennale bei, die hier alle zwei Jahre stattfindet sowie das Papiermuseum. Die vorherrschende Papierindustrie begründet sich nicht zuletzt auf die Nähe Dürens zur waldreichen Eifel und dem geeigneten, weichen Wasser der Rur. Die idyllische Auenlandschaft rund um diesen Fluss weist eine üppige Flora und Fauna auf.

Besonders erlebenswert ist die Stadt zur Zeit der Annakirmes, einem der größten Volksfeste im Bundesgebiet sowie des Stadtfestes und der zahlreichen kulturellen Freiluftveranstaltungen mit den Dürener Festtagen.

Düren und seine Umgebung bietet zahlreiche Erholungsmöglichkeiten wie die idyllische Auenlandschaft der Rur, den Stadtpark oder die Wälder der Eifel sowie den Dürener und den Echtzer Badesee. Um die Stadt in Ruhe erkunden zu können, wurde am Bahnhof ein Fahrradparkhaus eingerichtet.

Von Düren nach Jülich 18,5 km

Ab der **Tivolistraße** immer weiter entlang der Rur dem RUR-Schild folgen ~ bald endet der Asphalt ~ an einer Schranke vorbei ~ auf Schotter weiterfahren ~ die Abzweigungen nach rechts nicht beachten und geradeaus weiter ~ an Hecken und Laubbäumen vorbei ~ an der Weggabelung kurz vor einer Eisenbrücke links abbiegen und unterhalb der Brücke hindurch fahren ~ an einem kleinen Wehr vorbei ~ vereinzelt Bänke zur Erholung entlang des Weges ~ kurz darauf wieder ein Wehr passieren ~ danach entfernt sich der Weg von der Rur ~ der Weg verbreitert sich ~ an einem Fabrikgelände vorbei ~ in weiterer Folge nähert sich der Radweg wieder der Rur ~ in der Rur befinden sich kleine Inseln ~ an einer Hinweistafel – die ökologische Umgestaltung der Rur betreffend – vorbei ~ rechts des Weges befindet sich ein Metallzaun.

Birkesdorf

Der Weg mündet schließlich in den **Rurpark** ~ links an einem Sport- und Kinderspielplatz vorbei ~ den Park durchqueren ~ immer auf dem Hauptweg bleiben ~ an einem Klettergerüst rechts vorbei ~ kurz vor der Brücke links abbiegen ~ unter der Brücke hindurch fahren ~ nach einem kurzen Anstieg über einen Steg mit blauem Geländer einen Kanal überqueren ~ links an einem Tennisplatz vorbei ~ kurz darauf einen Sportplatz passieren ~ leichtes Gefälle.
An Bäumen und Buschreihen vorbei ~ vereinzelt Sitzbänke rechts des Weges ~ zwischen der Rur und einem Fabrikgelände flach dahin ~ an einer Hecke entlang ~ links an einem kleinen Rastplatz vorbei ~ an der folgenden Weggabelung links halten und unter der Brücke durchfahren ~ kurzes Asphaltstück ~ kurz darauf über eine kleine Betonbrücke ~ den rechts abzweigenden Weg nicht beachten ~ rechts an einem Wehr vorbei ~ in einiger Entfernung an einer Kläranlage vorbei

Jülich - Apfelquadrat

~ eine Nebenstraße überqueren ~ unter der Autobahnbrücke hindurch ~ erneut an einer Kläranlage vorbei ~ weiterhin am rechten Rurufer entlang.

Köttenich

An der Ortschaft vorbei ~ kurz darauf **Selhausen** passieren ~ unter einer Brücke hindurch.

Krauthausen

Ab hier geht der Schotterweg in einen Asphaltweg über ~ bald darauf wechselt der Bodenbelag wieder auf Schotter ~ unter einer Brücke hindurch ~ zur Linken befindet sich eine Schleuse ~ dem Schotterweg geradeaus weiter folgen ~ links an Wiesen vorbei ~ rechts

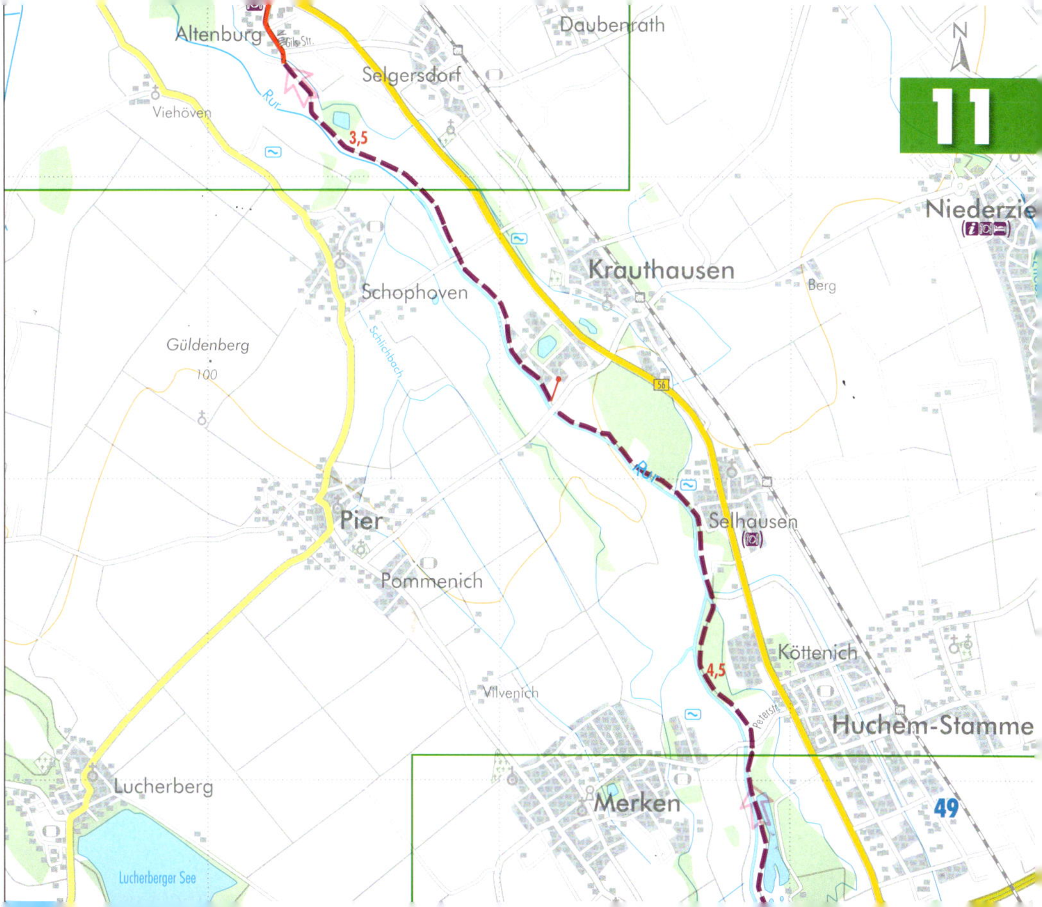

an einem Wehr vorbei ~ weiterhin zwischen Koppeln hindurch ~ in einer Linkskurve eine Brücke umgehen ~ rechts des Weges befinden sich Wiesen ~ nach einer Rechtskurve folgt kurz darauf eine Linkskurve ~ hier dem RUR-Schild folgen ~ an der folgenden Kreuzung rechts abbiegen ~ an einem Kinderspielplatz vorbei ~ auf einer kleinen Betonbrücke einen Bach überqueren ~ danach ein kurzes Stück geradeaus bis an die Vorfahrtsstraße fahren.

Altenburg

Dort links in die **Van-Gils-Straße** abbiegen ~ den Ort Altenburg verlassen ~ bis zur B 56 vorfahren ~ die Bundesstraße überqueren und den Schildern Richtung Jülich folgen ~ rechts der Straße befindet sich ein Radweg ~ bei der ersten Gelegenheit rechts in die **Waldstraße** einbiegen und Richtung Forschungszentrum fahren ~ weiterhin auf dem Radstreifen entlang ~ die Rurtalbahn überqueren ~ danach endet der Radweg.

Links auf die **Leo Brandt-Straße** einbiegen und rechts am SystemInstandsetzungsZentrum vorbei ~ ab hier befindet sich ein Radweg links der Straße ~ diesem weiterhin folgen ~ an der nächsten Kreuzung rechts abbiegen ~ hier wechselt der Radweg auf die rechte Fahrbahnseite ~ einen kleinen Bach überqueren ~ bis zum Kreisverkehr vorfahren ~ noch vor dem Kreisverkehr links in einen Schotterweg einbiegen.

Direkt an der Zuckerfabrik vorbei ~ die Bahnlinie überqueren ~ an der folgenden Weggabelung geradeaus neben der Bahnlinie in der **Rübenstraße** weiter ~ unter der B 56, dem Westring, hindurch ~ dem Rechtsknick über die Gleise folgen ~ die Straße wird zur **Gereonstraße** ~ an einer Kleingartenanlage vorbei ~ kurz vor der nächsten Vorfahrtsstraße auf den Radweg neben der Rur wechseln ~ die B 56 wieder unterqueren ~ bei der Gereonstraße links weiter auf dem Radweg ~ ab hier nähert sich der Radweg wieder der Rur ~ bei der **Großen Rurstraße** die Rur nach links überqueren. Das Zentrum von Jülich liegt rechter Hand.

Jülich – Zitadelle

Jülich

PLZ: 52428; Vorwahl: 02461

Stadtverwaltung Jülich, Neues Rathaus, Große Rurstr. 17, ☎ 630, www.juelich.de

Stadtgeschichtliches Museum, Zitadelle, ☎ 63228, ÖZ: April-Okt., Mo-Fr 14-17 Uhr, Sa, So/Fei 11-18 Uhr, Nov.-März, Sa 14-17 Uhr, So 11-17 Uhr. Im Schlosskeller beherbergt, zeigt das Museum die Geschichte der Zitadelle, eine reichhaltige Waffensammlung und Formen adeliger Tischkultur.

Propsteipfarrkirche „St. Mariä Himmelfahrt“. 1950-52 wurde der im Zweiten Weltkrieg zerstörte romanische Vorgängerbau wieder aufgebaut.

Burg Bourheim. Obwohl diese Burg schon im 13. Jh. als solche beschrieben wird und starke Mauern aufweist, war sie „nur“ eine landwirtschaftliche und keine wehrtechnische Anlage.

Burg Broich, diese Anlage musste schon vor etwa 350 Jahren ein komfortables und reizendes Plätzchen gewesen sein, denn am 30. Mai 1672 stieg hier der französische König Ludwig XIV. auf seinem Weg zur Belagerung von Neuss ab. Die Anlage befindet sich ebenfalls in Privatbesitz, jedoch ist ein Zugang von außen möglich.

Güstener Burg. Der Name dieses Stadtteils von Jülich ist von der heiligen Justina abgeleitet. Ab 893 nannte man den Ort Justenne und ab 1369 Gusten. Das vor kurzem neu gestrichene Hauptwohnhaus liegt mit seiner Schaufassade an der Johannesstraße.

Zitadelle, Schlossstraße. Die 90.000 m² große Festungsanlage wurde im 16. Jh. erbaut und gilt als bedeutendster „palazzo in fortezza" der italienischen Hochrenaissance im deutschsprachigen Raum. In der Schlosskapelle werden regelmäßig Konzerte mit in- und ausländischen Künstlern veranstaltet.

Hexenturm (14. Jh.). Dieser Turm stellt das einzig erhaltene Stadttor der mittelalterlichen Stadtbefestigung dar.

Gute Alte Burg, van-Gils-Str. 6, ✆ 3012871. Reste einer ehem. Burg aus dem Mittelalter, heute noch erhalten ist der ehemalige Kuhstall. In den Stallgebäuden ist heute ein Gasthaus mit Biergarten untergebracht.

Brückenkopf-Park, ÖZ: April-Okt., täglich 9.30-18 Uhr, Nov.-März, täglich 10-17 Uhr. Das 33 ha große Parkgelände bietet Unterhaltung für die ganze Familie. Im Zentrum des Parks steht die Festungsanlage Brückenkopf (18./19. Jh.), die in französischer Zeit des Rheinlandes erbaut wurde. Im Park finden

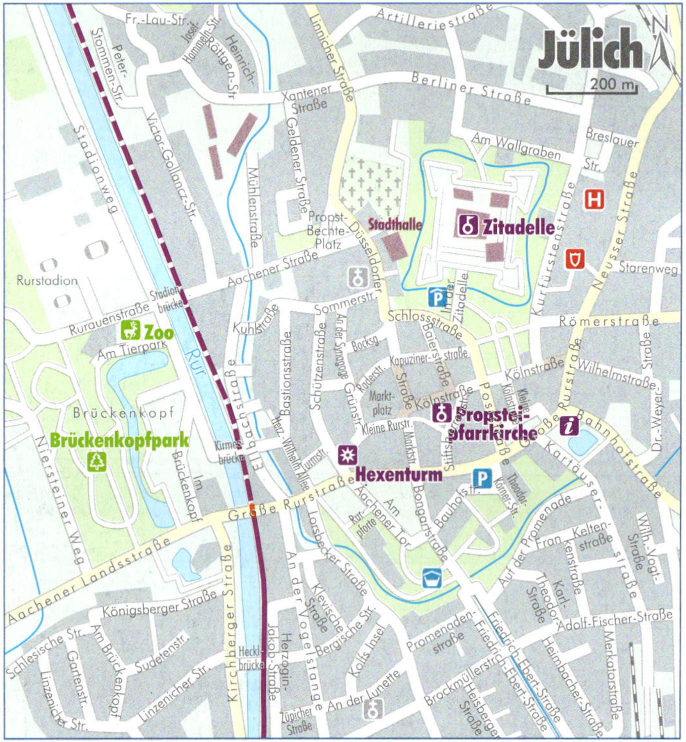

sich u. a. ein Kletterfelsen, eine Minigolfanlage, ein Zoo, Skaterbahnen, ein Beachvolleyballfeld, eine Open-Air-Bühne, Themengärten und zahlreiche Gastronomiestandorte. Für Konzerte und Aufführungen steht ein großes Veranstaltungszelt zur Verfügung.

Freibad Jülich, ✆ 2701

Jülich – Museum Zitadelle

347 wurde Jülich erstmals namentlich erwähnt und von den Römern befestigt. „Juliacum" war jedoch schon um Chr. Geburt ein bedeutender Knotenpunkt römischer Straßen. 1547 wurde die Stadt durch einen großen Brand stark zerstört, ein Jahr später folgte jedoch bereits der Wiederaufbau gemäß neuester städtebaulicher Erkenntnisse.

Jülich ist eine historische Festungsstadt mit ihrer bedeutenden Zitadelle, hat sich aber auch durch ihre Forschungseinrichtungen einen Namen gemacht. Das Forschungszentrum Jülich, die Abteilung Jülich der Fachhochschule Aachen und das Technologie-Zentrum zeugen vom Forschungs- und Entwicklungspotenzial der Stadt. Dieses äußert sich nicht nur auf internationaler Ebene sondern auch im Rahmen diverser Stadtentwicklungsprogramme, wie z. B. im Brückenkopf-Park, welcher aus der Landesgartenschau 1998 hervorging.

Von Jülich nach Roermond

56 km

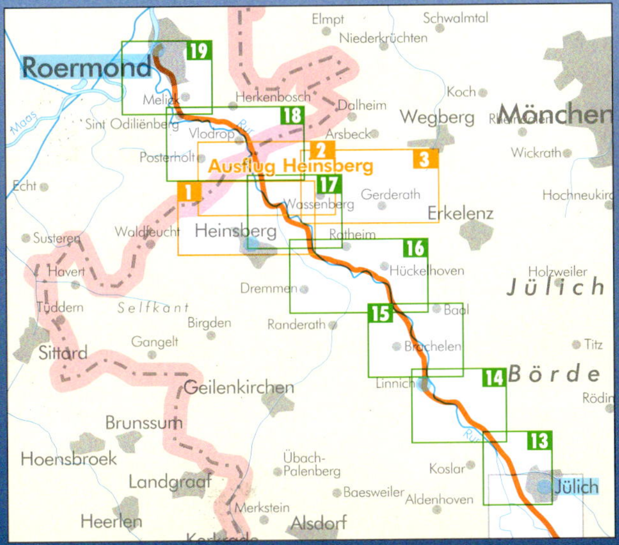

Immer weiter erscheint das Land je weiter Sie nach Norden vordringen. Bald schon haben Sie die südlichen Ausläufer der Region Niederrhein erreicht. Lassen Sie sich in der Region um Heinsberg ein wenig ins Land rund um die Rur entführen und folgen Sie dabei den Spuren der gut ausgeschilderten NiederRhein-Route. Immer mehr spüren Sie schon die nahen Niederlande, die Grenze ist nun bald überschritten. Und wieder verändert sich das Landschaftsbild, sobald Sie auf den großen Strom der Maas treffen. Es ist fast so, als könnte man schon Nordseeluft schnuppern.

Der Routenverlauf wechselt immer wieder zwischen ruhigen asphaltierten Nebenstraßen und wassergebundenen Uferwegen. In den Niederlanden ist die Route dann durchgehend asphaltiert. Steigungen werden sich Ihnen nicht in den Weg stellen, dafür kann der Wind Ihre Kondition durchaus auf die Probe stellen. Verkehrsreiche Wegstücke bleiben Ihnen weiterhin erspart.

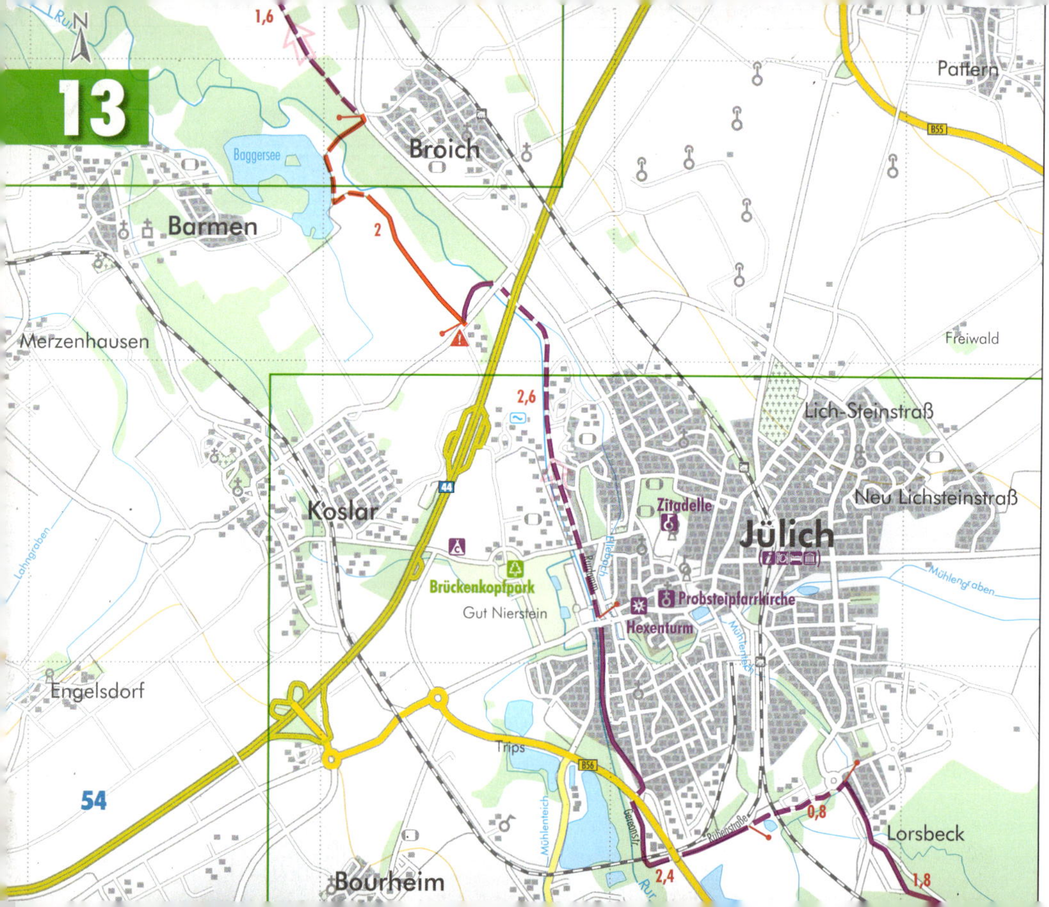

Von Jülich nach Hückelhoven — 22 km

Sie verlassen Jülich am Rurufer ~ Fortsetzung der Allee ~ parallel zum BrückenkopfPark weiter ~ rechts des Weges befinden sich immer wieder Sitzbänke ~ an einem Steg vorbei ~ hier endet die Allee ~ immer geradeaus weiter und auf dem Schotterweg bleiben ~ links an Gärten vorbei ~ der Weg entfernt sich etwas von der Rur ~ an den Schrebergärten entlang ~ der Blick auf die Rur ist durch eine Baumreihe verstellt.

Rechts an einer Wehr und an einem kleinen Rastplatz vorbei ~ über einen kleinen Steg den Bach überqueren ~ links an einer Wiese entlang ~ danach unter der Autobahnbrücke hindurch ~ der Weg schwenkt nach rechts und entfernt sich von der Rur ~ ein kurzes Stück an der Brücke der Hauptstraße K 15 entlang ~ die Hauptstraße überqueren ~ ⚠ Achtung: Gefährliche Kreuzung!

Kurz darauf links abbiegen ~ es geht weiter auf Asphalt ~ parallel zur Hauptstraße weiterfahren ~ auf einer breiten Brücke die Rur überqueren ~ geradeaus weiter bis zur Vorfahrtsstraße ~ rechts auf den Fahrradstreifen abbiegen ~ unmittelbar danach wieder rechts abbiegen und auf einem schmalen Güterweg weiterfahren ~ an Feldern vorbei ~ nach einer Linkskurve rechts in einen Schotterweg einbiegen ~ am Baggersee entlang ~ nach einer Rechtskurve über eine Brücke und somit über die Rur.

Broich

Weiter bis zur Vorfahrtsstraße ~ noch vor der Vorfahrtsstraße L 253 links in eine Allee ein-

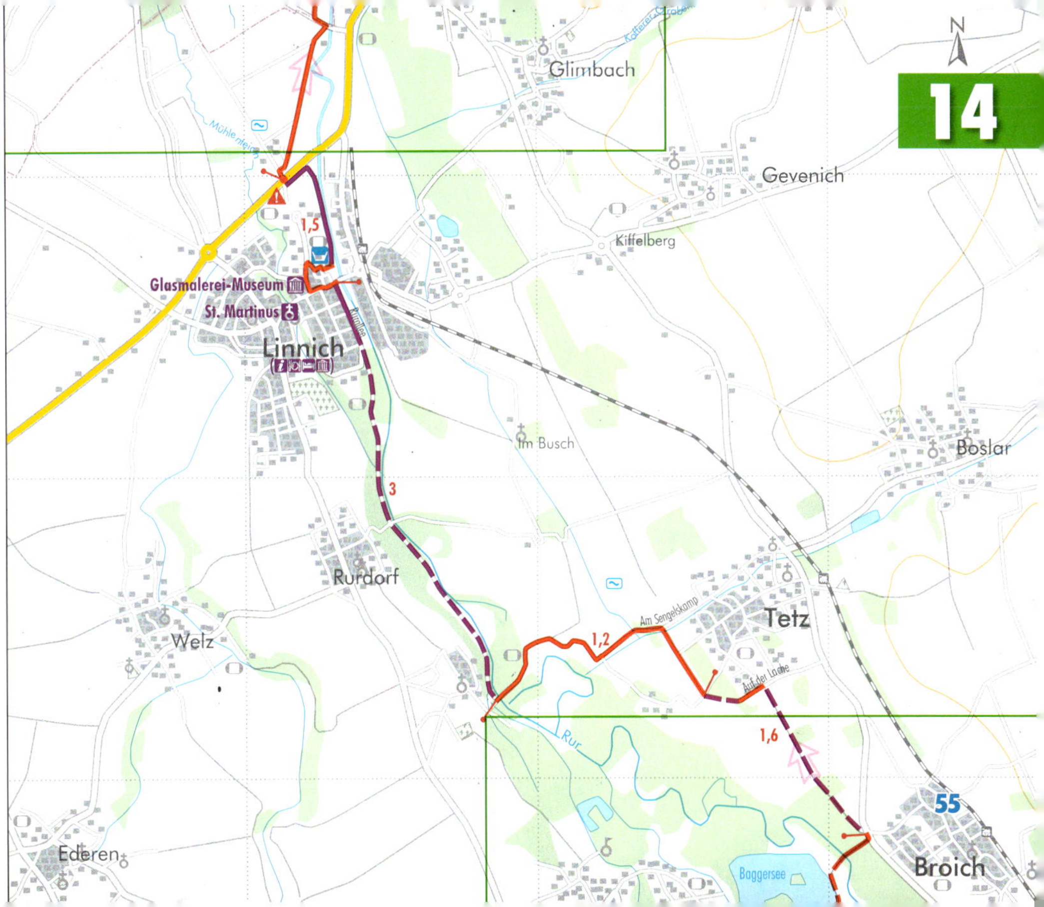

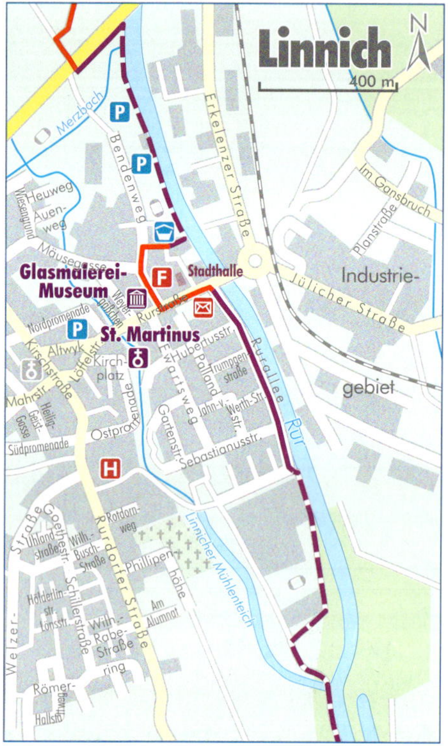

biegen, also nicht nach Broich hineinfahren ~ weiterhin der Schotterstraße folgen ~ rechts des Weges befindet sich eine größere Wiese ~ an der folgenden Weggabelung geradeaus weiterfahren ~ an Wiesen entlang ~ der Weg entfernt sich immer mehr von der Rur ~ in den Ort Tetz hinein.

Tetz

Links in den Weg **Auf der Lache** einbiegen ~ an der Siedlung vorbei ~ geradeaus weiter und dem Verlauf des Schotterweges folgen ~ zur Linken ein Nadelwald ~ durch eine Rechtskurve und an einem Feld entlang ~ an der darauffolgenden Weggabelung geradeaus weiter in einen asphaltierten Güterweg ~ an der kommenden Kreuzung links abbiegen und über eine kleine Brücke den Malefinkbach überqueren ~ rechts am Bach entlang ~ an einigen Feldern vorbei ~ durch eine Rechtskurve ~ danach eine S-Kurve ~ kurz darauf folgt eine scharfe Linkskurve ~ an den Wiesen vorbei ~ geradeaus weiter bis zum Sportplatz ~ an diesem entlang ~ über die Rur.

Floßdorf

Nach der Brücke sofort rechts in den Schotterweg ~ auf einer kleinen Brücke über einen Bach ~ knapp an der Rur entlang weiter ~ durch den Auwald.

Rurdorf

Kurz vor der Brücke links auf den Asphaltweg abbiegen ~ unmittelbar danach rechts weiter ~ leichter Anstieg ~ sofort wieder rechts und kurz darauf links ~ nach der Umfahrung der Brücke ein kurzes Stück auf Asphalt ~ danach auf dem Schotterweg knapp an der Rur entlang weiter. Auf einem Steg den Bach überqueren ~ an der folgenden Kreuzung rechts abbiegen ~ an der Polizeischule entlang ~ der geschotterte Radweg führt durch eine Allee ~ er mündet schließlich in die **Rurallee** ~ ein Stück von der Rur entfernt dem breiten asphaltierten Radweg folgen.

Linnich

PLZ: 52441; Vorwahl: 02462

- **Stadtverwaltung Linnich**, Rurdorfer Str. 64, ✆ 99080, www.linnich.de
- **Heimatmuseum**, Altermarkt 9, ÖZ: jeden 1. und 3. So im Monat 14-18 Uhr. Neben bäuerlichem Kulturgut und Arbeitsgeräten findet man die „Venus von Linnich", eine Sandsteinstatuette aus dem 2. Jh. n. Chr. Es können weitere diverse Werkstatteinrichtungen wie Bäckerei, Sattlerei, Korbmacherei oder Herdfabrik besichtigt werden.
- **Deutsches Glasmalerei-Museum**, Rurstr. 9-11, ✆ 99170, ÖZ: Di-So 11-17 Uhr. Das Museum zeigt unterschiedliche Ausstellungsstücke aus vergangenen Jahrhunderten sowie allerneueste Tendenzen. Ein Rundgang vermittelt einen Einblick in die Entwicklungsgeschichte der Glasmalerei früherer Epochen bis hin zur Gegenwart.
- **Pfarrkirche St. Martinus**, Kirchplatz. Die Kirche ist bekannt für ihren flandrischen Schnitzaltar Antwerpener Herkunft des frühen 16. Jhs.

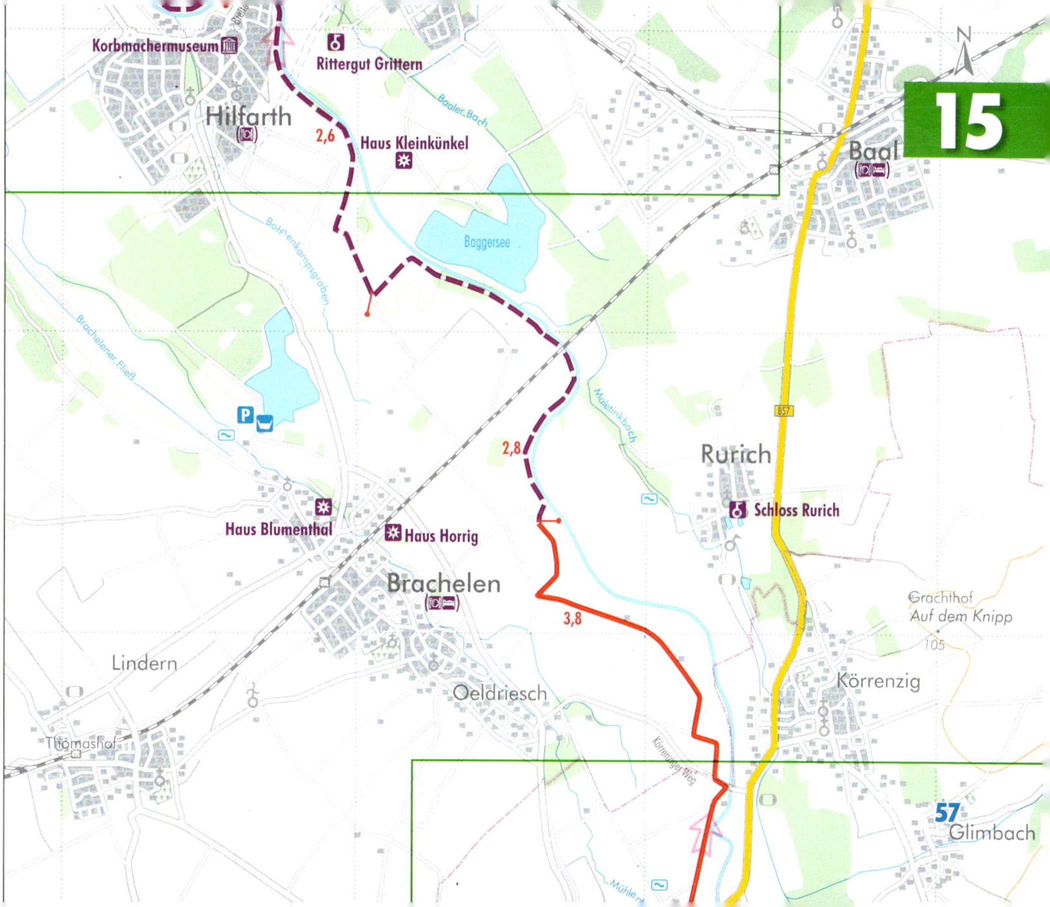

Hubertuskreuz. Westlich von Linnich gelegen, erinnert das Kreuz mit seiner Inschrift an das für Linnich historische Ereignis der sog. Hubertusschlacht im 15. Jh.

Im Jahre 888 wurde Linnich erstmals urkundlich erwähnt. Es handelte sich dabei um die Bestätigung einer Schenkung König Lothars II. vom Jahre 851 an das Aachener Marienstift durch König Arnulf von Kärnten. Ausgehend von diesem Königsgut LINNICA entwickelte sich Linnich als Ortschaft nach und nach. Die erste urkundliche Erwähnung als Stadt folgte in einer Urkunde des Herzogs Wilhelm von Geldern vom Jahr 1392. Hier wurde Linnich als „Stad van Lynneke" angeführt.

Im Laufe der Geschichte wurde die Stadt mehrere Male durch Kriege zerstört, schwere Spuren hinterließ vor allem der Zweite Weltkrieg.

An der Rurstraße neben der Brücke links abbiegen ~ danach rechts über den Parkplatz ~ dem zur Rur führenden schmalen Schotterpfad folgen ~ am Freibad vorbei ~ den Merzbach überqueren ~ zur Brücke hinauffahren und links auf den Fahrradweg, der neben der **B 57** verläuft, abbiegen.

Die Rur bei Hilfarth

Kurz darauf rechts abbiegen und dem RUR-Schild folgen ~ die Straße überqueren ~ auf dem schmalen Asphaltweg weiter ~ bei der nächsten Gelegenheit rechts abbiegen ~ an der Kläranlage vorbei ~ an der kommenden Kreuzung links weiter ~ an Feldern vorbei ~ an der Vorfahrtsstraße links ~ unmittelbar danach rechts auf den schmalen Wirtschaftsweg.

An **Körrenzig** vorbei ~ durch die Linkskurve bei der großen Eiche ~ bei der nächsten Gelegenheit rechts abbiegen ~ nach wie vor an Feldern vorbei, die von Wiesen abgelöst werden ~ an der darauffolgenden Kreuzung rechts abbiegen.

Tipp: Ab hier ändert sich in der Freizeit-Region Heinsberg die Beschilderung. Sie folgen einem roten Knotenpunktsystem; dabei bleibt Ihnen das Logo des RurUfer-Radweges erhalten. Durch die Region leiten Sie dann folgenden Knotenpunkte: Nr. 95 – Rurbrücke Körrrenzig, Nr. 96 – zw. Brachelen und Rur, Nr. 98 – Altarm Rentnersruh/Rurbrücke, Nr. 99 – Rurbrücke zw. Hückelhoven und Hilfarth, Nr. 16 – Friedhof Oberbruch, Nr. 22 – B 221 Orsbeck, Nr. 23 – Rurbrücke zw. Karken und Ophoven, Nr. 15 – Rurbrücke zw. Karken und Steinkirchen, Nr. 25 – Effelder Waldsee.

Nach einer Linkskurve mündet der Weg in einen gepflasterten Traktorweg ~ bei einer Baumgruppe rechts in einen Schotterweg abbiegen ~ am linken Rurufer entlang ~ unter der Eisenbahnbrücke hindurch ~ an Feldern entlang ~ links durch die weite Auenlandschaft bis zu einer Holzbrücke ~ an den Rurlauf zurück ~ bei der Holzbrücke links dem Verlauf der Rur folgen

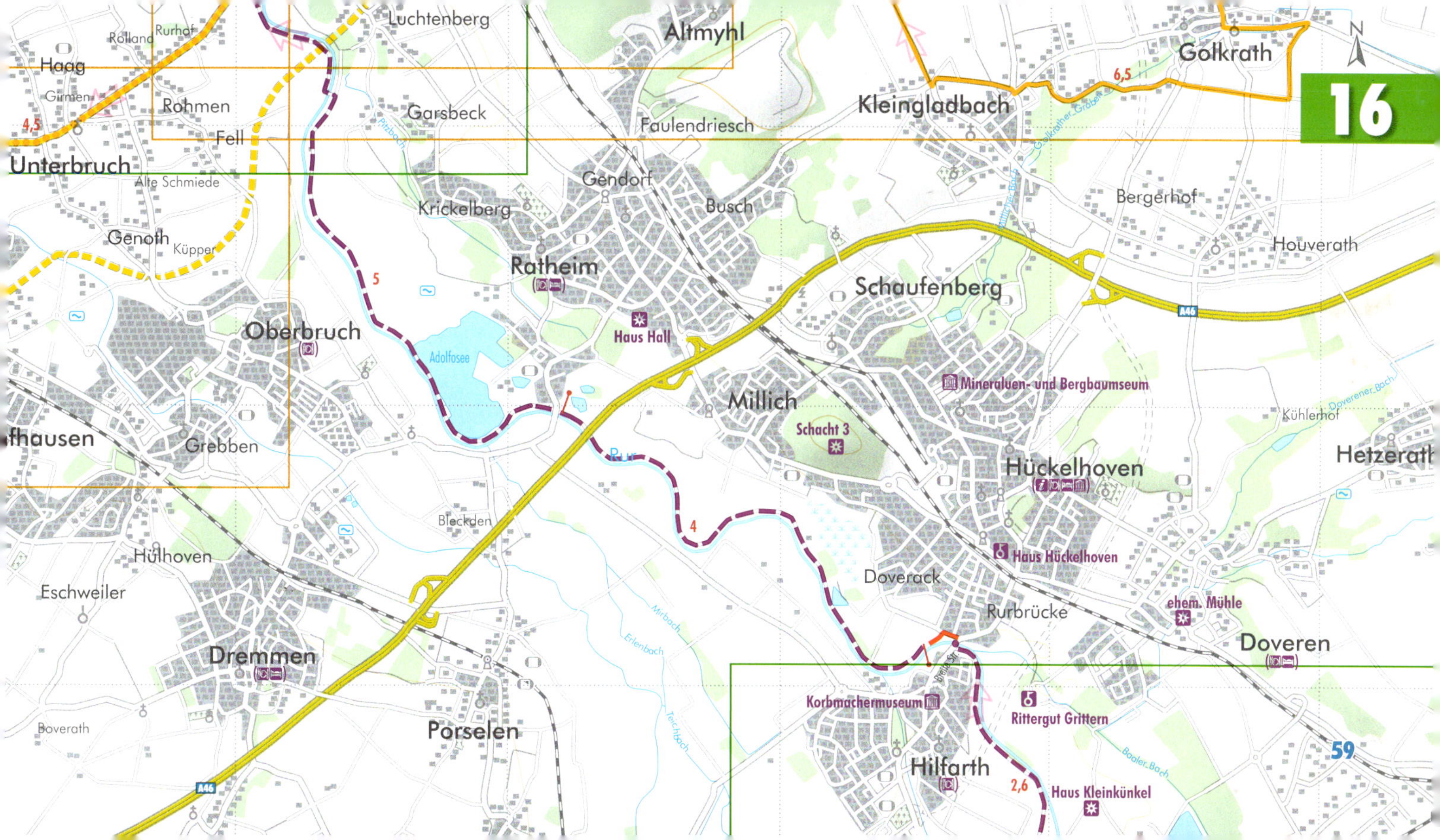
16
Luchtenberg
Altmyhl
Golkrath
Rolland
Rurhof
Haag
Girmen
Rohmen
Garsbeck
Kleingladbach
6,5
4,5
Fell
Faulendriesch
Unterbruch
Alte Schmiede
Gendorf
Krickelberg
Busch
Bergerhof
Genoth
Küpper
Ratheim
Houverath
Schaufenberg
5
A46
Oberbruch
Haus Hall
Adolfsee
Mineralien- und Bergbaumuseum
Millich
Kühlerhof
Doverener Bach
Schacht 3
fhausen
Grebben
Rur
Hückelhoven
Hetzerath
Bleckden
4
Haus Hückelhoven
Hülhoven
Doverack
Eschweiler
ehem. Mühle
Rurbrücke
Doveren
Dremmen
Korbmachermuseum
Rittergut Grittern
Boverath
Porselen
59
Hilfarth
2,6
Haus Kleinkünkel
Mirbach
Erlenbach
Teichbach
Baaler Bach
Golkrather Graben
Pitzbach

Hilfarth

Korbmachermuseum, Nohlmannstr. 22, 41836 Hilfarth, ✆ 02433/912985, ÖZ: Mo 9-12 Uhr, Führungen n. V. Der Historische Verein der Rurtalkorbmacher e. V. hat sich zum Ziel gesetzt, die Tradition des Korbmacherhandwerkes zu bewahren, Geschichtliches und Wissenswertes zusammenzutragen um es der Nachwelt zu erhalten.

Schloss Rurich

Vor der Rurbrücke links auf Asphalt auffahren ~ rechts abbiegen und auf dem Parkplatz geradeaus bis zum Gasthaus ~ dort rechts in die Vorfahrtsstraße und auf dem Radstreifen die Brücke überqueren.

Hückelhoven

PLZ: 41836; Vorwahl: 02433

Rathaus Hückelhoven, Parkhofstr. 76, ✆ 820, www.hueckelhoven.de

Mineralien- und Bergbaumuseum, Ludovicistraße, ✆ 2303, ÖZ: So 11-15 Uhr. Die Gewinnung von Steinkohle im Speziellen und die Geschichte des Bergbaus im Allgemeinen bilden den Schwerpunkt des Museums. Außerdem gibt es eine umfangreiche Mineraliensammlung. Wenn man noch weiter in die Lebenswelt des Bergbaus eintauchen möchte, kann man zusätzlich eine alte Bergmannsiedlung besuchen, die sich zwischen Hückelhoven Mitte und Schaufenberg befindet.

Haus Hückelhoven, Dinstühlerstraße. Die Wasserburg war im 13. Jh. Wohnsitz der Herren von Hückelhoven.

Schloss Rurich (18./19. Jh.), Rurich, Hompeschstraße. Klassizistisches Hauptgebäude mit neugotischer Kapelle.

Besucherbergwerk „Schacht 3" der ehemaligen Zechenanlage „Sophia Jacoba", Zentrum, ✆ 0171/9800410, ÖZ: März-Sept., 3. So im Monat 10-17 Uhr u. n. V., Führung durch ehemalige Bergleute, Areal mit Förderturm, Schachtanlage, Zechenhalde und -gebäude, Gleisanlagen, Bergbautradition und -geschichte werden durch Exponate wie das Lokomobil, die Lampenstube u. v. m. lebendig.

Förderturm

Naturseebad Kapbusch, zwischen Hilfarth und Brachelen an der L 364, ÖZ: Mai-Ende Aug.

Freizeitbad, Martin Luther Str. 22, ✆ 02433/2256, ÖZ: Di-Fr 14.30-21.30 Uhr, Sa, So 9-17 Uhr. Großes Schwimmbecken mit Sprungturm und Wasserrutsche.

Zweiradfahrzeuge Konrad Huff, Dr.-Ruben-Str. 10, ✆ 8068

Zweiradfahrzeuge Konrad Huff, Dr.-Ruben-Str. 10, ✆ 8068

Als Gründer des Dorfes gilt Reinhard von Huckilhoven, der im 13. Jahrhundert die Wasserburg als Herrensitz erbaute. Später wurde sie an die katholische Kirche zu Hückelhoven verkauft, von 1794 bis 1814 stand der Ort unter Herrschaft der Franzosen. Im Jahre 1969 erhielt Hückelhoven die Stadtrechte.

Von Hückelhoven nach Effeld 19 km

Unmittelbar nach der Brücke vor der Bushaltestelle links in die **Hilfarthstraße** ~ danach beim Schild links auf den schmalen Asphaltweg ~ schließlich auf den breiten Schotterweg einbiegen und rechts der Rur entlang.
Weiterhin dem mäanderförmigen Verlauf der Rur folgen ~ über einen kleinen Steg ~ unter der Autobahn hindurch ~ kurz darauf erneut unter einer Brücke hindurch ~ weiterhin dem Schotterweg folgen ~ am **Adolfosee** entlang ~ ein kurzes Stück auf Asphalt ~ danach wieder weiter auf Schotter ~ bis zum Ende des Sees ~ dort links zum Holzsteg abbiegen und über die Rur ~ an einigen Feldern vorbei ~ an einem Friedhof rechts abbiegen.

Oberbruch

Ab hier auf einem schmalen asphaltierten Wirtschaftsweg weiter ~ der Stromleitung entlang ~ weiterhin an Feldern vorbei ~ der Weg entfernt sich etwas von der Rur ~ dem Schild geradeaus folgen ~ an der darauffolgenden Kreuzung halbrechts weiter ~ kurz darauf rechts auf einen breiteren Schotterweg abbiegen ~ durch eine scharfe Rechtskurve.
Der Weg nähert sich wieder der Rur ~ danach durch eine scharfe Linkskurve ~ an Feldern vorbei ~ nach einer scharfen Rechtskurve bis an die Rur vor fahren ~ vor einem Steg links und weiter Richtung Orsbeck ~ nun wieder ganz nah am linken Rurufer entlang ~ an einer Baumgruppe vorbei ~ unter der Brücke hindurch auf die B 221.
Tipp: An dieser Stelle bietet sich die Möglichkeit, entlang der NiederRheinroute die Landschaft rechts und links der Rur zu erkunden. In einem eigenen Ausflug wird eine Rundtour von 62,5 Kilometern durch die Freizeit-Region Heinsberg vorgestellt. Den weiteren Verlauf des RurUfer-Radweges finden Sie auf Seite 70.

Auf der NiederRheinroute rund um Heinsberg 62,5 km

Die NiederRhein-Route

Den Niederrhein auf einen Nenner zu bringen, erscheint unmöglich. Soll man diesen westlichsten Teil Deutschlands wegen seiner Naturdenkmäler und -parks hervorheben, oder wegen der zahlreichen kulturhistorischen Spuren, die die verschiedenen Völker und Religionen hier hinterlassen haben?
Die verschlungene Strecke der Nieder-Rheinroute scheint stellvertretend für die verflochtenen Pfade der niederrheinischen Geschichte und Kultur zu stehen. Die Route verläuft so wenig geradlinig wie die umliegenden Orte und Landschaften eintönig sind.
Im gesamten Gebiet stößt man immer wieder auf Naturidyllen, sei es an Flussläufen, in kleineren Wald- und Wiesenstücken oder in den zahlreichen ausgewiesenen Naturschutzgebieten. Weite Teile der Strecke im Südwesten ziehen sich durch den grenzüberschreitenden

Naturpark Maas-Schwalm-Nette, im Nordosten durch Teile des Naturparks Hohe Mark. Und auch in kleineren geschützten Gebieten erlebt man eine unbeschreibliche Vielfalt von bedrohten Pflanzen und Tieren, Mooren und natürlichen Wäldern sowie ursprüngliche Auenlandschaften wie die Bislicher Insel.

Im Laufe der Jahrhunderte hat der Niederrhein unter dem wechselnden Einfluss von Römern, Franken, Spaniern, Holländern, Preußen und Franzosen gestanden. Von überall kamen die Menschen an den Niederrhein, haben diese Region bevölkert, bekriegt und bewirtschaftet, haben ihre Spuren hinterlassen, die man in vielen Orten entlang der Strecke entdecken kann.

Alle prägten Land und Leute auf eben ihre Weise. So gehen die ältesten Siedlungen am Niederrhein auf römische Siedlungen zurück, die auf der linksrheinischen Seite für eine frühe „Zivilisierung“ des Lebens sorgten und neue Techniken z. B. die Steinarchitektur einführten. So hat z. B. ein großer Zustrom von Glaubensflüchtlingen im 16. Jahrhundert die Textilindustrie entscheidend belebt und zu einer religiösen und kulturellen „Vervielfältigung“ am Niederrhein beigetragen.

Baugeschichtlich bietet der Niederrhein ein entsprechend buntes Bild. Industriearchitektur, Herrschaftshäuser, sakrale Gebäude, Arbeitersiedlungen und alte Befestigungsanlagen in allen denkbaren Baustilen schmücken die Stationen der Strecke. Motten sind plötzlich nicht mehr ein Beispiel der tierischen Artenvielfalt sondern eine besondere Art von Wehrhügel, die sich im Laufe der Jahrhunderte zum Teil zu größeren Schlossanlagen weiterentwickelt haben. Neben der eindrucksvollen Industriearchitektur am östlichen Niederrhein bestimmen Mühlen aller Art viele Stadt- und Dorfsilhouetten.

Neben den historischen Bauten ist auch das Angebot an kulturgeschichtlichen Ausstellungen überaus vielseitig. Bedeutende Sammlungen zeitgenössischer Kunst, traditionelles sakrales und bäuerliches Kunsthandwerk und viele kleine Museen mit liebevoll zusammengestellten und manchmal ungewöhnlichen Ausstellungen finden Sie an der Strecke.

Die Rur vor Orsbeck

Alles in allem erwartet Sie auf der Nieder-Rheinroute ein abwechslungsreicher und zugleich erholsamer Ausflug.

Orsbeck

Von Orsbeck nach Braunsrath 12 km

Vor Wassenberg-Orsbeck links abbiegen und den RurUfer-Radweg verlassen ~ auf dem NiederRheinrouten-Verbindungsweg Nr. 88 in Richtung Heinsberg weiterfahren ~ die **Wassenberger Straße** entlang ~ kurz nachdem Sie die Wurm überquert haben, rechts abbiegen ~ an der kommenden Kreuzung links in den Radweg, der entlang

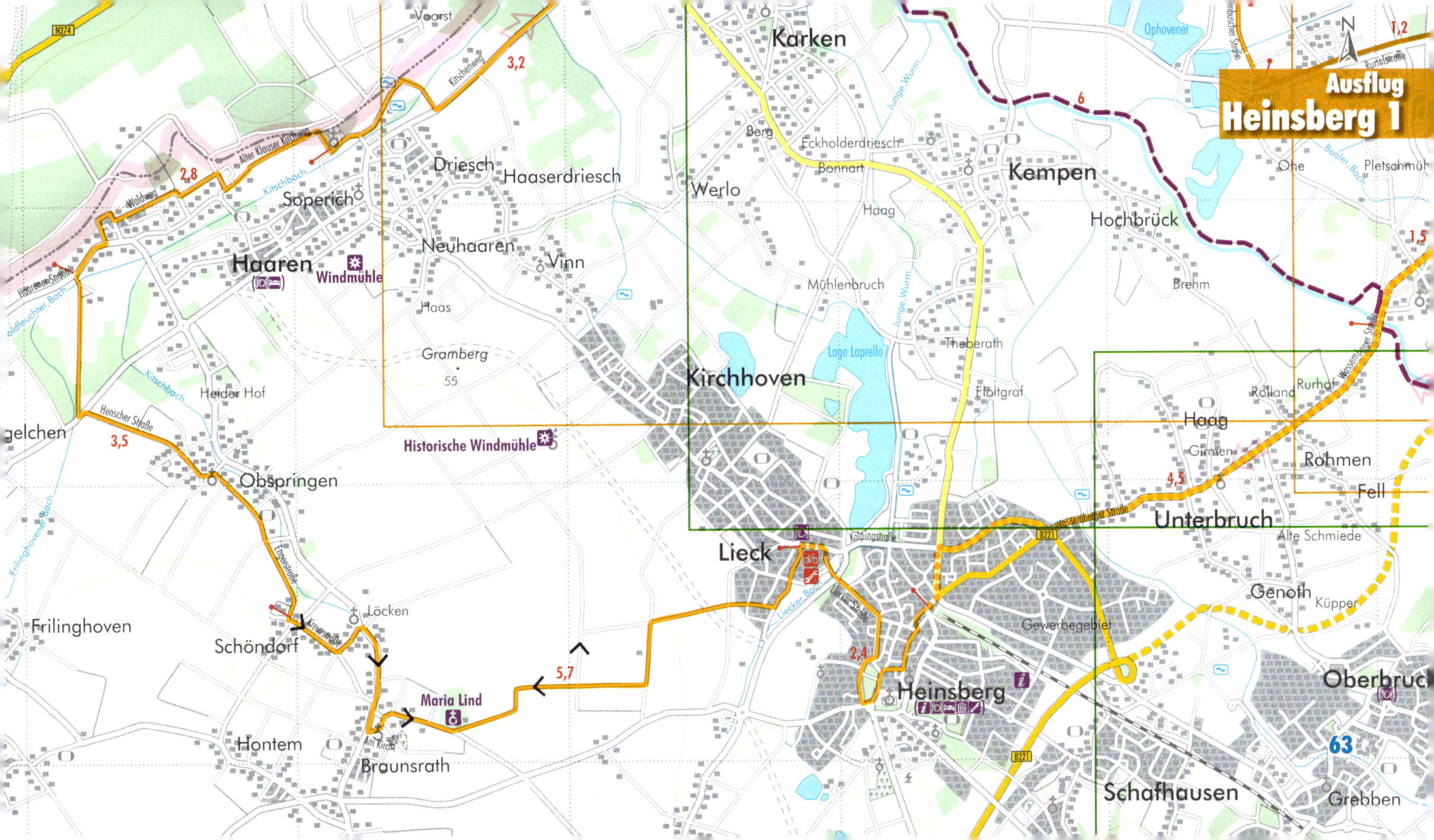
Ausflug
Heinsberg 1
N274
Voorst
Karken
Ophovener
Kitschenweg
3,2
1,2
Rurtalstraße
Alter Klauser Kirchweg
Berg
Eckholderdriesch
6
Driesch
Haaserdriesch
Bonnart
Kempen
Ohe
Baaler Bach
Pletschmühle
2,8
Kitschbach
Waldweg
Soperich
Werlo
Haag
Hochbrück
Neuhaaren
1,5
Haaren
Windmühle
Vinn
Haarener Straße
Mühlenbruch
Brehm
Waldfeuchter Bach
Junge Wurm
Haas
Theberath
Gramberg
55
Lago Laprello
Wassenberger Straße
Kirchhoven
Rurhof
Rolland
Floitgraf
Heider Hof
Kitschbach
Henscher Straße
Haag
gelchen
3,5
Historische Windmühle
Girmen
Rohmen
4,5
Obspringen
Fell
Unterbruch
Wassenberger Straße
B221
Kolpingstraße
Alte Schmiede
Lieck
Emmerstraße
Genoth
Küpper
Frilinghovener Bach
Löcken
Lieckerstraße
Liecker Bach
Gewerbegebiet
Frilinghoven
Kreuzstraße
Schöndorf
2,4
5,7
Heinsberg
Oberbruch
Maria Lind
Hontem
Am Kirchb.
Braunsrath
B221
Schafhausen
Grebben

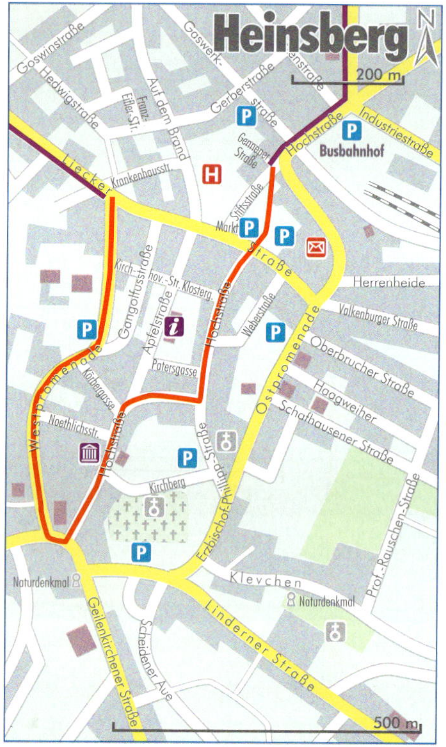

der **Kempener Straße** verläuft ~ ab hier auf der NiederRhein-Hauptroute weiter.

Heinsberg

PLZ: 52525; Vorwahl: 02452

- **Heinsberger Tourist-Service e. V.**, Valkenburger Str. 45, ✆ 131415, www.hts-info.de
- **Kreismuseum Heinsberg im Torbogenhaus**, Hochstr. 21, ✆ 134027, ÖZ: Sa 14-18 Uhr, So/Fei 10-12.30 Uhr und 14-18 Uhr. Führungen nach Voranmeldung für Gruppen ab 7 Personen möglich. Das Torbogenhaus ist der letzte Rest der Stadtbefestigung Heinsbergs aus dem 16. Jh. Der Schwerpunkt des Museums liegt auf der regionalen Archäologie und Geschichte sowie der sakralen Kunst des Grenzlandes. Es werden auch Wechselausstellungen zu u. a. zeitgenössischer Kunst geboten. Gemäldesammlung mit Werken des preußischen Hofmalers Carl J. Begas.
- **Gangolfuskirche** (15. Jh.). Die ursprünglich romanische Stiftskirche, von den Einheimischen auch „Selfkantdom" genannt, liegt auf dem Burgberg und ist das Wahrzeichen der Stadt. Sehenswert ist die Krypta mit der Reliquie der Heiligen Hedwig aus dem Geschlecht der Herren von Heinsberg sowie ein Messingtaufbecken. Besonders erwähnenswert ist der eindrucksvolle Figurenschmuck.
- **Ruine der ehemaligen Burg der Herren von Heinsberg**. Die restaurierte Ruine befindet sich ebenfalls auf dem Burgberg, der höchsten Erhebung der Stadt.

Haarener Windmühle

- **Kunstverein Region Heinsberg e. V.**, Horster Hof 1, ✆ 52525 Heinsberg-Unterbruch, ✆ 65598, ÖZ: Fr 15-18 Uhr und So 11-17 Uhr.
- **Historische Windmühle**, Zur Kornmühle 7, Kirchhoven
- **Freibad Oberbruch**, Carl-Diem-Str. 4, ✆ 66998
- **Freibad Kirchhoven**, Schwimmbadstr. 57, ✆ 7595

Heinsberg ist die westlichste Kreisstadt Deutschlands und liegt an der Grenze zum Königreich der Niederlande. Sie ist heute das wirtschaftliche und kulturelle Zentrum des Kreises. Die Geschichte der Stadt lässt sich bis in das 9. Jahrhundert zurückverfolgen. Im Jahr 1255 bekam Heinsberg die Stadtrechte.

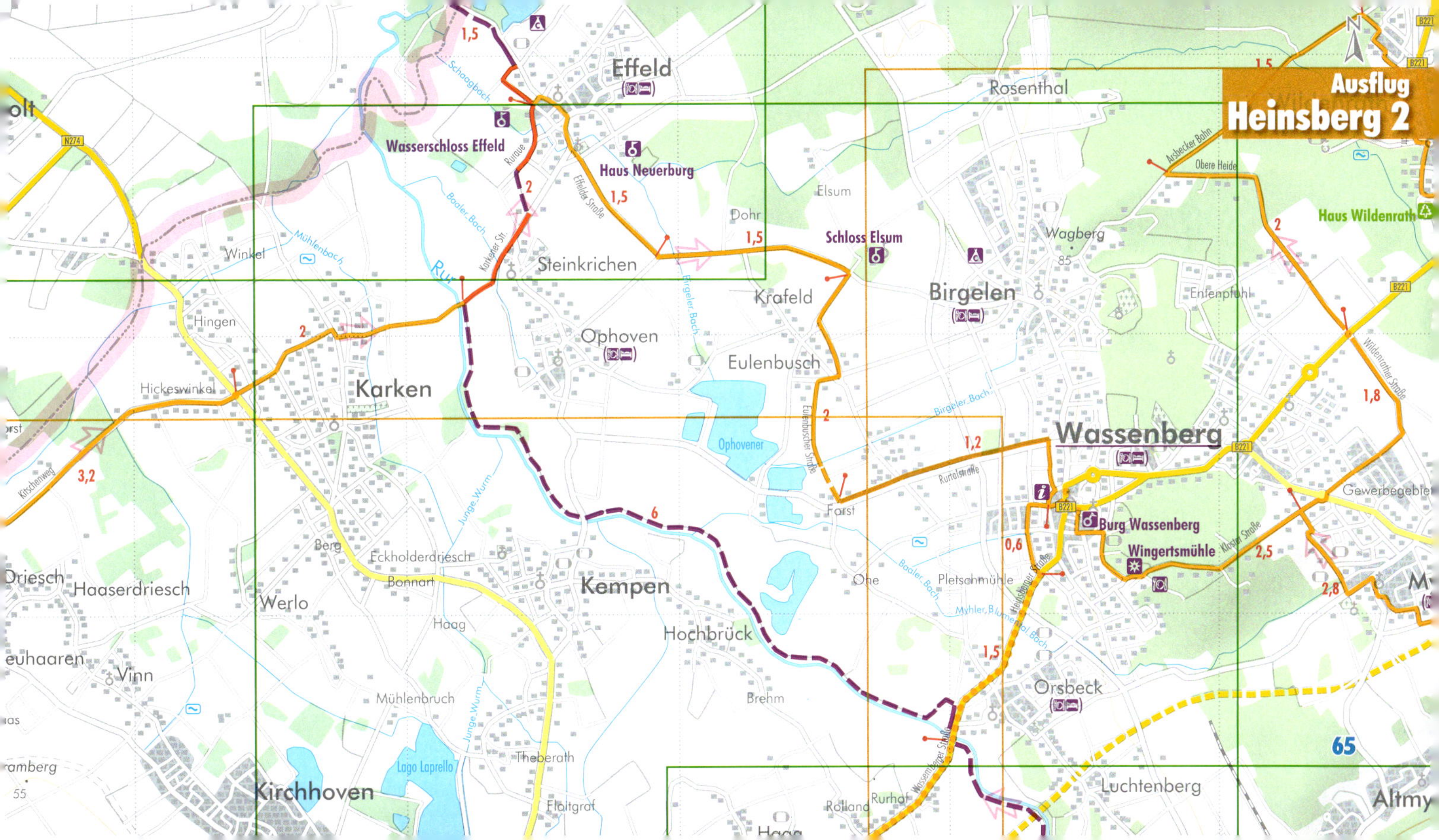

Ausflug
Heinsberg 2
Effeld
Wasserschloss Effeld
Haus Neuerburg
Rosenthal
Elsum
Dohr
Schloss Elsum
Wagberg
Steinkrichen
Krafeld
Birgelen
Enfenpfuhl
Hingen
Winkel
Ophoven
Eulenbusch
Karken
Hickeswinkel
Haus Wildenrath
Obere Heide
Arsbecker Bahn
Wassenberg
Burg Wassenberg
Wingertsmühle
Gewerbegebiet
Forst
Ophovener
Ohe
Pletschmühle
Kempen
Berg
Eckholderdriesch
Bonnart
Haaserdriesch
Driesch
Werlo
Haag
Hochbrück
Orsbeck
Brehm
Mühlenbruch
Vinn
euhaaren
Theberath
Lago Laprello
Kirchhoven
Floitgraf
Rolland
Rurhof
Luchtenberg
Altmy
Haag
ramberg
Schaagbach
Ruraue
Karkener Str.
Effelder Straße
Boaler Bach
Mühlenbach
Rur
Birgeler Bach
Eulenbuscher Straße
Rurtalstraße
Kloster Straße
Heinsberger Straße
Wassenberger Straße
Myhler Blumental Bach
Junge Wurm
Kitschenweg
Wildenrather Straße
N274
B221
1,5
2
1,5
1,5
2
2
3,2
1,2
0,6
1,5
6
1,8
2,5
2,8
85
55

Anhand der architektonischen Zeugnisse der Stadt kann der wechselhafte Ablauf von Zerstörung und Wiederaufbau nachvollzogen werden: Bastionspromenaden mit mittelalterlicher Festungsanlage, Burgruine, Kasematten (historischer Stadtrundgang).

Bis zum Kreismuseum Heinsberg ⇝ danach die **Westpromenade** entlang nach Lieck.

Lieck

Zweiradhaus Hubert Esser, Liecker Mühle 4, ✆ 02452/7183

Von **Lieck** nun weiter Richtung Braunsrath.

Braunsrath

Wallfahrtskapelle Maria Lind, einfacher Saalbau (1749) mit Gnadenbild des 17. Jhs., bedeutende Marien-Wallfahrtstätte der Region, mit benachbartem Klarissen-Kloster.

Von Braunsrath nach Wassenberg *20,5 km*

Die Wallfahrtskapelle Maria Lind wird passiert ⇝ auf dem **Kirchplatz** rechts abbiegen ⇝ kurz darauf auf den Radweg wechseln, der links der **Maarstraße** verläuft.

Löcken

Links abbiegen ⇝ unmittelbar danach rechts in die **Kreuzstraße**.

Schöndorf

Durch den Ort und danach auf der **Engerstraße** nach Obspringen hinein.

Obspringen

An der Kirche vorbei ⇝ auf der **Henscher Straße** verlassen Sie den Ort ⇝ weiter nach **Schabroich** ⇝ dort rechts auf den NiederRheinrouten-Verbindungsweg Nr. 87 abbiegen ⇝ der Weg verläuft nun nahe der niederländischen Grenze ⇝ an **Haaren** vorbei.

Burg Wassenberg

Haaren

Haarener Windmühle, ✆ 02452/988845, Besichtigung, Führung n. V. 1842 erbaut und 1858 fügte man eine kombinierte Öl- und Getreidemühle an, die mit Dampfkraft betrieben wurde. Die Mühle ist ein runder, steinerner Berghollander mit einem Flügeldurchmesser von 25 m. Noch heute wird naturbelassenes Getreide zu Vollkornmehl vermahlen und an umliegende Bäckereien und Naturkostläden verkauft.

Den Kitschbach überqueren ⇝ links in den **Kitscherweg** ⇝ nach Hickeswinkel über die **Roermonder Straße**.

Karken

Die **Hirtstraße** enlang ⇝ weiter bis zur Rur ⇝ diese überqueren und zum RurUfer-Radweg zurück ⇝ hier treffen Sie auch wieder auf die NiederRhein-Hauptroute.

Tipp: Die Wegstrecke nach Effeld über Steinkirchen verläuft entlang des RurUfer-Radwegs. Die Wegbeschreibung dazu finden Sie auf S. 70.

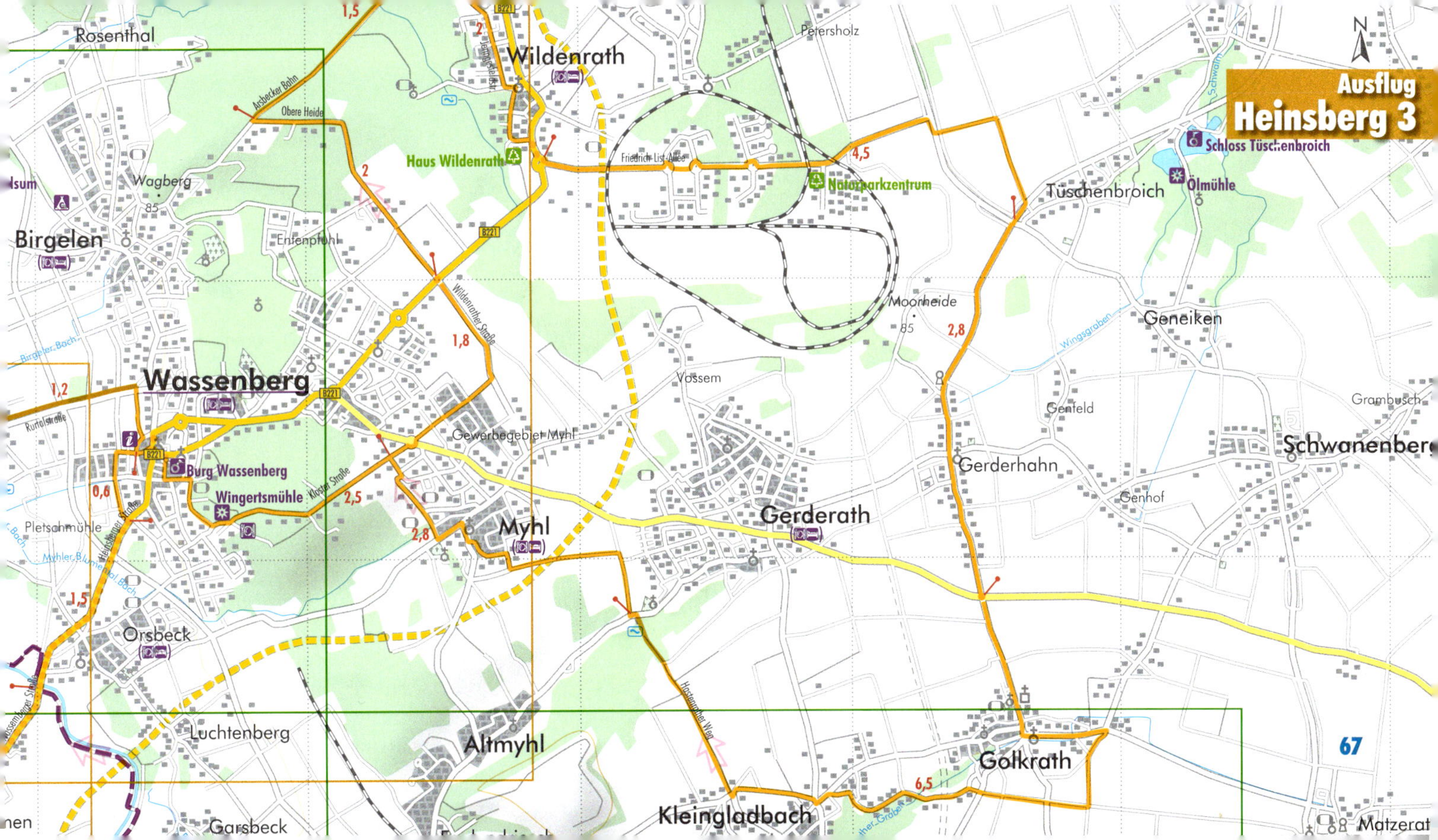

Ausflug
Heinsberg 3
Rosenthal
Wildenrath
Petersholz
Arsbecker Bahn
Obere Heide
Haus Wildenrath
Friedrich-List-Allee
Naturparkzentrum
Schloss Tüschenbroich
Ölmühle
Tüschenbroich
Wagberg
Birgelen
Entenpfuhl
Moorheide
Geneiken
Wildenrather Straße
Vossem
Genfeld
Grambusch
Wassenberg
Burg Wassenberg
Wingertsmühle
Gewerbegebiet Myhl
Gerderhahn
Schwanenberg
Genhof
Gerderath
Myhl
Pletschmühle
Orsbeck
Luchtenberg
Altmyhl
Golkrath
Kleingladbach
Garsbeck
Matzerath
Hostenrather Weg
Wingsgraben
Birgeler Bach
Rurtalstraße
Heinsberger Straße
Kloster Straße
B221
Schwalm

Effeld s. S. 71

Von der **Schlossstraße** rechts ab ~ sofort wieder rechts in die **Kreuzstraße** ~ diese geht in die **Effelder Straße** über ~ am **Gut „Haus Neuerburg"** vorbei ~ an der Kreuzung vor dem **Wasserschloss Elsum** rechts in die **Krafelder Straße** ~ kurz darauf links in die **Paradiesstraße** ~ an der **Eulenbuscher Straße** rechts und unmittelbar danach links Richtung Forst.

Forst

Links abbiegen auf den Radweg neben der **Rurtalstraße** ~ rechts ins Zentrum von Wassenberg ~ an der Burg vorbei.

Wassenberg

PLZ: 41849; Vorwahl: 02432

- Rathaus, Roermonder Str. 25-27, ✆ 49000, www.rathaus-wassenberg.de
- **Propsteikirche St. Georg** . Romanische Pfeilerbasilika von 1118, nach ihrer Zerstörung im Krieg 1955/56 wiederaufgebaut, der Westturm in später Backsteingotik, in der Kirche findet man eine Rokokokanzel (1782), eine barocke Madonna aus dem Hunsrück (ca. 1700) und ein Kopfnischengrab (1120-50).
- **ev. Hofkirche,** Roermonder Str. 8, von 1652
- **Birgelener Pützchen,** Birgelen, eine hübsche kleine Wallfahrtskapelle (1860-70) im Wald zwischen Wassenberg und Birgelen.
- Burg Wassenberg, aus einer Motte hervorgegangene Burg, die heute noch erhaltenen Teile sind von 1420, der Bergfried ist eine beliebte Aussichtsplattform mit weitem Blick auf die Umgebung. Heute ist darin ein Hotel-Restaurant untergebracht.
- Wasserschloss Elsum, die Hauptburg entstand im 15./16. Jh., die Vorburg folgte im 18. Jh. Nach einem Brand 1945 wurde das Schloss wieder aufgebaut.
- Wehrtürme der ehemaligen Stadtmauer aus dem 14. und 15. Jh.
- Wingertsmühle (um 1600), heute als Veranstaltungsraum des benachbarten Restaurants genutzt.

Schloss Tüschenbroich

Von Wassenberg nach Orsbeck ***30 km***

Links in die **Parkstraße** abbiegen ~ danach rechts und in einer Linksschleife die Wingertsmühle passieren ~ dem Radweg, der sich links der **Klosterstraße** befindet, folgen.

Myhl

Bis zum Kreisverkehr vor ~ dort geradeaus weiter und die **Brabanter Straße** entlang ~ an der **Wildenrather Straße** links abbiegen ~ Sie befinden sich immer noch auf der NiederRhein-Hauptroute ~ die B 221 überqueren.

Auf dem **Heesweg** verlassen Sie den Ort ~ weiterhin dem Straßenverlauf folgen ~ im spitzen Winkel rechts abbiegen ~ durch den Birgeler Wald ~ der **Arsbecker Bahn** entlang ~ an der folgenden Kreuzung rechts zum NiederRheinrouten-Verbindungsweg Nr. 71 abbiegen.

Wildenrath

PLZ: 41844; Vorwahl: 02432

ℹ Rathaus Wegberg, Rathauspl. 25, ✆ 02434/830

♧ **Haus Wildenrath**, Naturparkweg 2. Denkmalgeschützte Hofanlage und Sitz der NABU-Naturschutzstation Haus Wildenrath e. V., ✆ 902740

♧ **Naturparkzentrum Wildenrath**, Friedrich-List-Allee 11. Dauerausstellung „Bionik – Zukunftstechnik lernt von der Natur", ÖZ: Nov.-März, Di-So 10-16 Uhr, April-Okt., Di-So 9-17 Uhr, ✆ 902620

Auf der **Jenngesfeldstraße** bis zum Kreisverkehr ~ dort links in die **Friedrich-List-Allee** Richtung Tüschenbroich ~ am Siemens Prüfzentrum und am Listzentrum vorbei.

Tüschenbroich

Tüschenbroicher Schlossanlage

Tüschenbroicher Mühle, Gerderhahner Str. 1, ✆ 02434/4280, ehemalige Wassermühle. Liegt zusammen mit dem Schloss und der benachbarten Ölmühle am Schlossteich, dessen Stauwerk noch erhalten ist. Minigolf, Kahnfahren, Restaurant.

Rechts zum NiederRheinrouten-Verbindungsweg Nr. 74 abbiegen ~ weiter Richtung Gerderhahn.

Gerderhahn

Auf der Straße **In Gerderhahn** durch den Ort ~ weiter bis zum Nachbarort Golkrath.

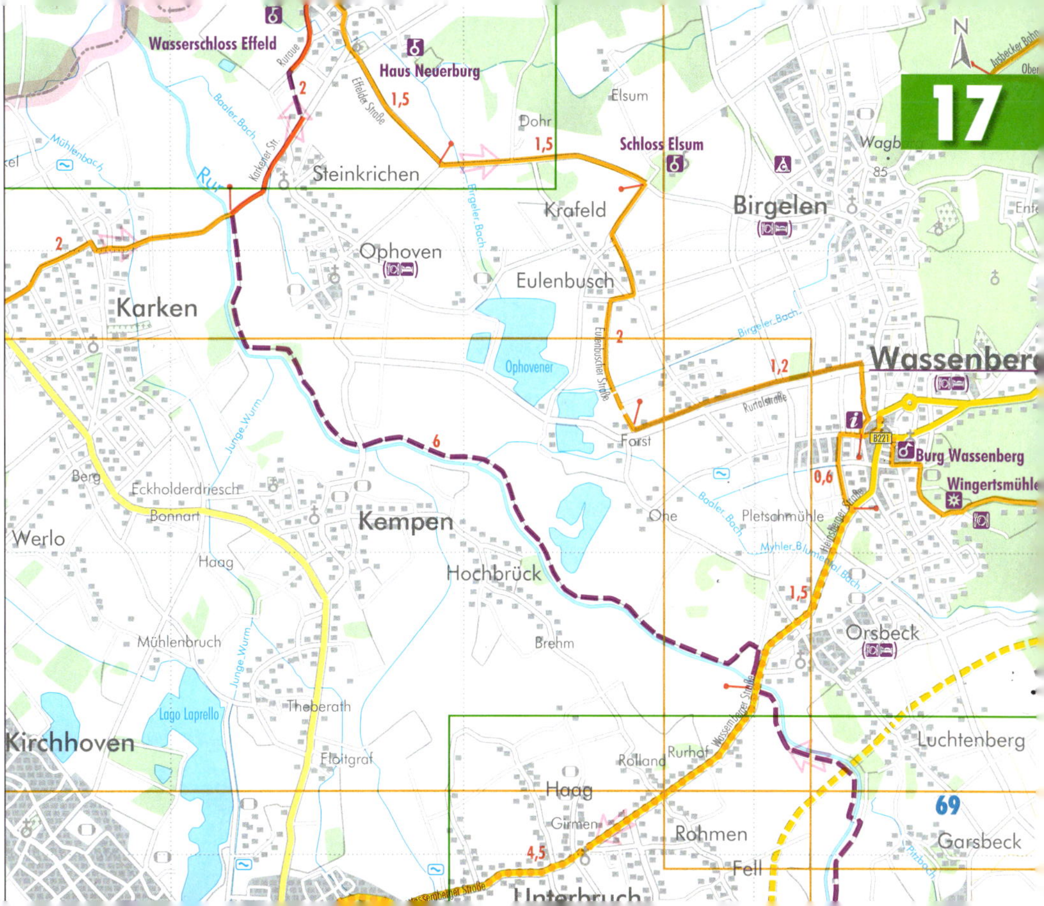

Radschild an der Grenze zu den Niederlanden

Golkrath

Weiterhin der Route Nr. 74 folgen ⇝ in Kleingladbach rechts auf den NiederRheinroutenverbindungsweg Nr. 75.

Kleingladbach

Schließlich rechts zum NiederRheinroutenverbindungsweg Nr. 77 ⇝ an Gerderath vorbei und zurück nach Myhl ⇝ dort links zur NiederRhein-Hauptroute und auf dem bereits bekannten Weg zurück nach Wassenberg.

Wassenberg s. S. 68

Links zum NiederRheinrouten-Verbindungsweg Nr. 88 und zum Ausgangspunkt des Ausfluges zurück.

Tipp: Hier trifft der Ausflug zur NiederRheinroute wieder auf den RurUfer-Radweg. Auf dem nachfolgenden Wegstück bis nach Effeld verlaufen die beiden Radwege parallel.

Orsbeck

Links entlang der **B 221** die Rur überqueren ⇝ am Ort vorbei ⇝ nach 100 Metern links in die Ruraue ⇝ an der Wurmmündung vorbei ⇝ an der Brücke mit dem Hinweisschild links nach Karken ⇝ den Schotterweg verlassen und rechts weiter Richtung Steinkirchen.

Steinkirchen

Auf der Höhe der Kirche links in einen Feldweg ⇝ kurz darauf wieder auf Asphalt weiter und links an Effeld vorbei.

Effeld

PLZ: 41849; Vorwahl: 02432

- i Rathaus Wassenberg, Roermonder Str. 25-27, ✆ 49000
- **Wasserschloss Effeld**, zweigeschossiges Herrenhaus aus dem 15. und 17. Jh.

Für das „Golddorf" Effeld sowie dessen Umgebung ist der Anbau von Spargel charakteristisch. Die ansässigen Gastronomiebetriebe

Blick auf die Maas

bieten das edle Gemüse als regionale Spezialität in vielen Variationen an.

Von Effeld nach Roermond **15 km**

Nach links in den Radweg einbiegen ⇝ am **Effelder Badesee** vorbei ⇝ bis zur Grenze nach Holland vorfahren ⇝ kurz vor dem Grenzübergang wechselt der Belag wieder auf Schotter.

Tipp: Ab hier ändert sich die Beschilderung. Es gibt zwar noch das Zeichen Roerfietspad, aber die Radfahrer werden ab nun von einem grünen Knotenpunktesystem begleitet (Fietsknoopunt). Zunächst dem Knotenpunkt

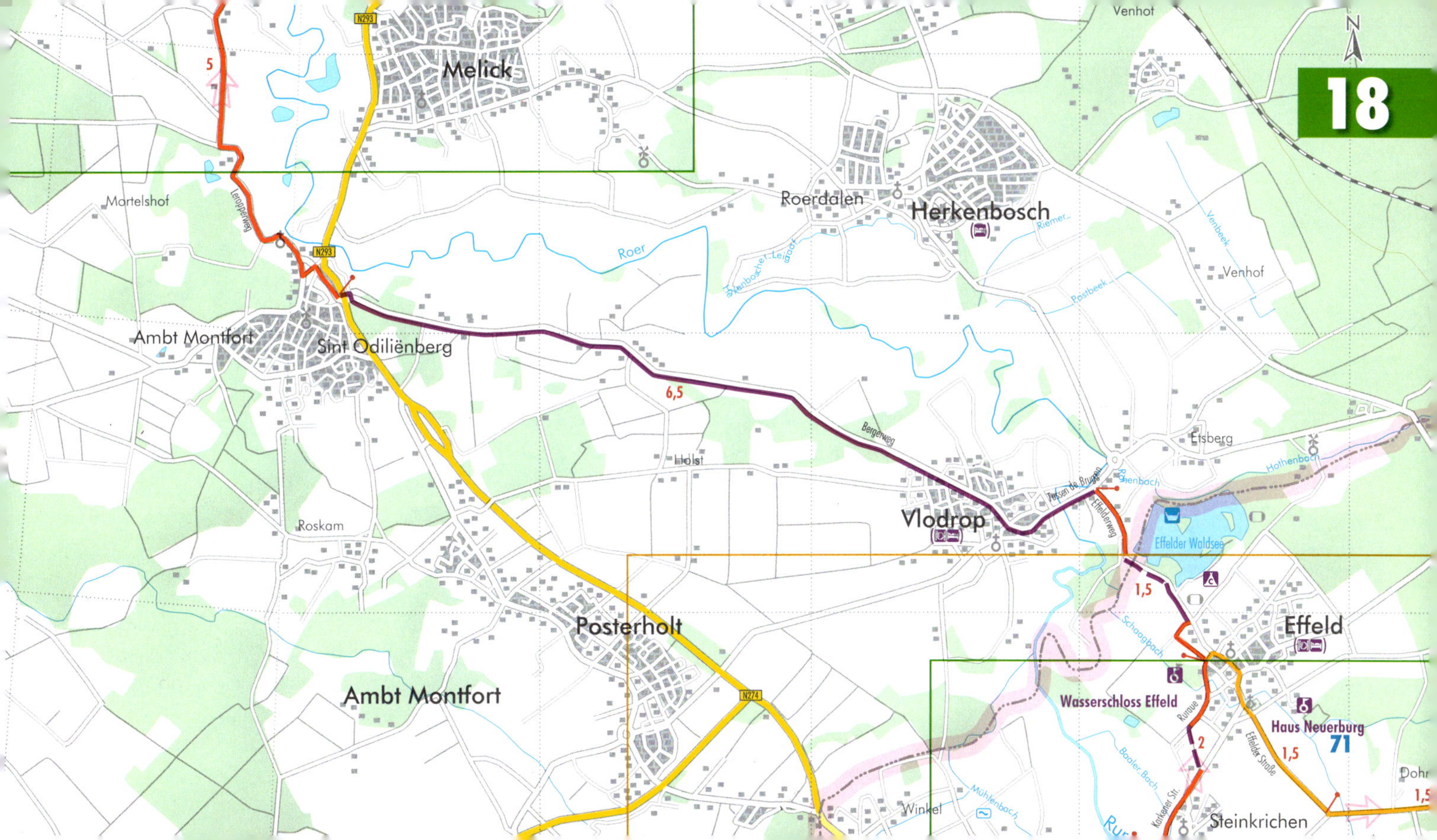

18
Melick
N293
5
Mortelshof
Leropperweg
Roer
Roerdalen
Herkenbosch
Riemer
Venhof
Venbeek
Postbeek
Ambt Montfort
Sint Odiliënberg
6,5
Bergerweg
Etsberg
Holst
Hothenbach
Rothenbach
Tussen de Bruggen
Effelderweg
Vlodrop
Roskam
Effelder Waldsee
1,5
Effeld
Posterholt
Schaagbach
N274
Wasserschloss Effeld
Ambt Montfort
Ruraue
2
Haus Neuerburg
71
Effelder Straße
Boaler Bach
Mühlenbach
Winkel
Karkener Str.
Steinkrichen
Dohr

St. Odiliënberg

71 folgen und in weiterer Folge: 72 nach 73, 73 nach 75, 75 nach 81, 81 nach 82 und schließlich 82 nach 83.

Links Richtung Vlodrop ~ ab dieser Kreuzung führt ein Radweg weiter.

Vlodrop

Vorwahl: 0475

Gitstappermühle, Gitstappermolenweg 3. Mittelschlächtige Getreidemühle, ✆ 535224

Beim Knotenpunkt 72 halbrechts dem Hinweisschild nach Roermond folgend ~ vereinzelt an Höfen und Koppeln vorbei ~ der Weg verläuft nun in einiger Entfernung von der Roer.

Paarlo

Die winzige Ortschaft Paarlo durchqueren ~ von dort aus nach St. Odiliënberg weiter auf dem Radweg ~ leichtes Gefälle ~ bis an die große Hauptstraße **N 293** ~ nach einer Rechts-Links Kombination nach Sint Odiliënberg hinen.

Sint Odiliënberg

Basilika der Heiligen Wiro, aus dem 11. Jh. datierende Basilika von hohem kunstgeschichtlichem Wert.

Der Radweg endet hier ~ an der Vorfahrtsstraße links ~ unmittelbar danach rechts weiter ~ an einer Kirche vorbei und den Ort verlassen ~ die Häuser von **Overen** werden passiert.

Lerop

Hinter Lerop nähert sich der Weg wieder allmählich der Roer ~ auf dem **Leropperweg** bis zum Bahnübergang ~ danach links am Sportpark entlang bis an den **Rijksweg** ~ ab hier ein kurzes Stück auf einem Radweg links der Straße entlang ~ kurz darauf rechts abbiegen und den **Rijksweg** überqueren ~ nun auf dem **Gulickerweg** weiter, der kurz darauf die **Evenkamp** quert.

St. Christoffel Kathedraal

Auf dem dammähnlichen Gulickerweg weiter an der Siedlung vorbei ~ an der folgenden Straßenkreuzung rechts ein kurzes Stück auf dem **Ouden Roermondsweg** entlang ~ unmittelbar danach geradeaus weiter und dem **Hertenerweg** bis an die Maas folgen ~ dort rechts zur Holzbrücke abbiegen, die sich über die Flussmündung spannt ~ nach der Brücke weiter auf der **Voorstadt Sint Jacob** ~ immer geradeaus weiter durch den gleichnamigen Stadtteil und an den Werften vorbei ~ weiterhin innerhalb des Rurmündungsdeltas links an der Roer entlang.

Links an einer Brücke vorbei und geradeaus weiter auf der Voorstad Sint Jacob ~ schließlich auf einer Steinbrücke die Roer überqueren ~ unmittelbar danach die **Roersingel** bzw. die **Roerkade** überqueren ~ ab nun geht's in der Fußgängerzone weiter ~ zunächst geradeaus auf der **Brugstraat** ~ beim roten Modegeschäft Meyer links ~ vor bis zum Markt und dort halbrechts bis zum **Stadhuis** ~ links am Rathaus vorbei und gleich danach rechts in die **Swalmerstraat** ~ die folgenden beiden rechtsliegenden Querstraßen ignorieren und rechts in die **Bethlehemstraat** ~ von nun an immer geradeaus weiter ~ die Bethlehemstraat geht in die **Dionisiusstraat** über ~ diese mündet in die **Veldstraat** ~ weiterhin geradeaus und vor bis zur **Stationsplein** ~ die Querstraße überqueren und zum Bahnhof Roermond.

Roermond

PLZ: 6041; Vorwahl: 0475

- **VVV Roermond**, Kraanpoort 1, ✆ 335847, www.tourism-limburg.info
- **Reederei Houtermans**, MPS Princess, Venloseweg 53, ✆ 337555; Reederei 't Veerhuis, ✆ 591318; Reederei De Corporaal/Rosslag, ✆ 317751; Reederei Cascade, ✆ 461574;

St. Christoffel Kathedraal (1410), Marktplatz. Die gotische Kreuzbasilika verfügt über Westturm, Querbau und 3-schiffigen Hallenchor. Auf der Turmspitze ist der Schutzheilige der Stadt, der hl. Christopherus, in Form einer vergoldeten Darstellung zu sehen.

Minderbroederskerk (15. Jh.), Minderbroederssingel. Diese gotische Hallenkirche ist 3-schiffig und war im Besitz des Klosters des Franziskanerordens, auch Minderbroeders genannt.

Rattentoren, Grotekerstraat. Der aus dem 14. Jh. stammende Rattenturm stellt einen der letzten Überreste der ehemaligen Festungsanlage dar.

Stadtmuseum (Stedelijk Museum), Andersonweg 4, ✆ 333496. ÖZ: Di-Fr 11-17 Uhr, Sa, So 14-17 Uhr. Das Museum ist im ehemaligen Wohnhaus des in Roermond geborenen Architekten Pierre Cuypers untergebracht und zeigt neben der Stadtgeschichte auch zeitgenössische Kunst.

OLV Munsterkerk (13. Jh.), Munsterplein. Die am Münsterplatz gelegene Munsterkirche wurde vom Roermonder Architekten Pierre Cuypers restauriert.

Nationaalpark De Meinweg. Der Nationalpark liegt etwa 8 km südöstlich von Roermond im Gemeindegebiet Roerdalen, das Naturgebiet erstreckt sich jedoch bis nach Deutschland. Die abwechslungsreiche Landschaft bietet eine hohe Anzahl an Pflanzen- und Tierarten.

Stadtpark Karthuis, Voogdijstraat. Der Garten ist an den Stil des Barock angelehnt und gänzlich von Mauern umgeben.

Rijwielshop A. Dirks (NS-Station), Stationsplein 7a, ✆ 350085

Die Geschichte Roermonds reicht bis in die römische Zeit zurück – dies beweist ein der Göttin Rura geweihter Altarstein aus dem 3. Jahrhundert.

Nach dem Erhalt der Stadtrechte war Roermond im Laufe seiner Entwicklung Hansestadt, bis heute ist die Stadt Bischofssitz der Provinz Limburg.

Es finden sich viele historische Bauwerke und denkmalgeschützte Bauten, die von der bewegten Geschichte Roermonds zeugen – immerhin war es über Jahrhunderte hinweg im Besitz von fünf verschiedenen Ländern: Spanien, Frankreich, Österreich, Deutschland und dem Königreich der Niederlande.

Tipp: Wenn Sie jedoch von Deutschland aus Ihre Heimreise antreten wollen, so haben Sie die Möglichkeit dies von Dalheim aus zu tun. Dalheim erreichen Sie, wenn Sie vom Zentrum Roermonds dem grünen Knotenpunktsystem – ausgehend vom Knotenpunkt 83 – durch den Nationalpark De Meinweg

Roermond – Steenen Brug

folgen. In weiterer Folge: 86, 85, 79, 78, 80, (70), 95. Am Knotenpunkt 95 dem Hinweisschild nach „Dalheim (D.) 100 m" folgen; der Bahnhof befindet sich in unmittlerbarer Grenznähe (siehe dazu auch Einleitung Seite 9).

Sie haben nun das Ende Ihrer Radreise erreicht. Wir hoffen, Sie hatten einen erlebnisreichen und interessanten Radurlaub und freuen uns, dass Sie ein *bikeline*-Radtourenbuch als Begleiter gewählt haben.
Das gesamte *bikeline*-Team wünscht Ihnen eine gute Heimreise!

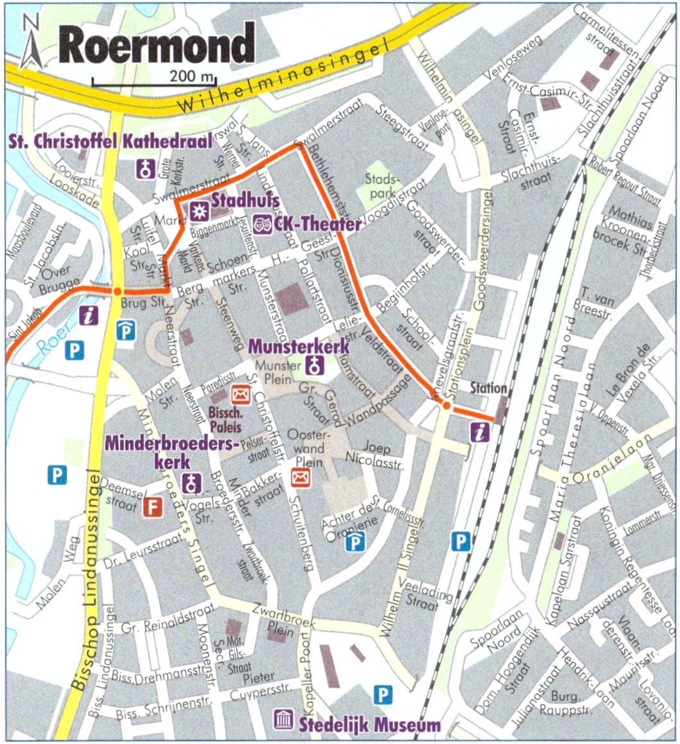

Übernachtungsverzeichnis

Dieses Verzeichnis beinhaltet folgende Übernachtungskategorien:

- H Hotel
- Hg Hotel garni
- Gh Gasthof, Gasthaus
- P Pension, Gästehaus
- Pz Privatzimmer
- BB Bed and Breakfast
- Fw Ferienwohnung (Auswahl)
- Bh Bauernhof
- Hh Heuhotel

Bett & Bike

Alle mit dem Bett & Bike-Logo (Bett & Bike) gekennzeichneten Betriebe erfüllen die vom ADFC vorgeschriebenen Mindestkriterien als „Fahrradfreundliche Gastbetriebe" und bieten darüber hinaus so manche Annehmlichkeit für Radfahrer. Detaillierte Informationen finden Sie unter *www.bettundbike.de*.

ADFC Allgemeiner Deutscher Fahrrad-Club

- Jugendherberge, -gästehaus
- Campingplatz
- Zeltplatz (Naturlagerplatz)

Die Auflistung erhebt keinen Anspruch auf Vollständigkeit und stellt keine Empfehlung der einzelnen Betriebe dar.

Die römische Zahl (I-VII) nach der Telefonnummer gibt die Preisgruppe des betreffenden Betriebes an. Wir möchten Sie jedoch darauf hinweisen, dass die angegebenen Preiskategorien dem Stand des Erhebungs- bzw. Überarbeitungszeitraumes entsprechen und sich von den tatsächlichen Preisen unterscheiden können.

Folgende Unterteilung liegt der Zuordnung zugrunde:

I	unter € 15,–
II	€ 15,– bis € 23,–
III	€ 23,– bis € 30,–
IV	€ 30,– bis € 35,–
V	€ 35,– bis € 50,–
VI	€ 50,– bis € 70,–
VII	über € 70,–

Die Preisgruppen beziehen sich auf den Preis pro Person in einem Doppelzimmer mit Dusche oder Bad inkl. Frühstück. Übernachtungsbetriebe mit Zimmern ohne Bad oder Dusche, aber mit Etagenbad, sind durch das Symbol nach der Preisgruppe gekennzeichnet.

Da wir das Verzeichnis stets aktuell halten möchten, sind wir für Mitteilungen bezüglich Änderungen jeder Art dankbar. Der einfache Eintrag erfolgt für die Betriebe natürlich kostenfrei.

Sourbrodt

PLZ : B-4950 ; Vorwahl: 080

H Ulenspiegel, Rue de la Station 46, ✆ 447811, II-III

Jalhay

PLZ: B-4845; Vorwahl: 080

Gh Baraque Michel, Baraque Michel 36, ✆ 444801

Ovifat

PLZ: B-4950; Vorwahl: 080

H Hotel Domaine des Hautes Fagnes, Rue des Charmilles 67, ✆ 446987, VI-VII

H Hostellerie du Chêneux, Chemin du Chêneux 32, ✆ 440400, V

Robertville

PLZ: B-4950; Vorwahl: 080

H Auberge du Lac, Rue du Lac 24, ✆ 444159, III

H Hotel des Bains, Lac de Robertville 2, ✆ 679571, V-VII

H Hotel Dry les Courtis, Rue du Barrage 1 A, ✆ 445863, III

H Hotel International, Rue du Lac 41, ✆ 446258, IV

H La Fréquence, Rue Centrale 32, ✆ 445480, V

H La Chaumière du Lac, Rue du Barrage 23, ✆ 446339, V

H Relais de Poste, Rue du Lac 16, ✆ 445770, V

Monschau-Kalterherberg

PLZ: 52156; Vorwahl: 02472

H Gut Heisert, Gut Heisert, ✆ 5065, IV-V

H Hirsch, Monschauer Str. 7, ✆ 2283, IV (Bett & Bike)

P Weinsheimer, Fedderbach 15, ✆ 5617, I
P Witulla, Messeweg 8, ✆ 3283, I

Monschau

PLZ: 52156; Vorwahl: 02472
Monschau-Touristik, Stadtstr. 14, ✆ 80480
H Alt-Montjoie, 52166, Stadtstr. 18, ✆ 3289, II-IV
H Carat, Laufenstr. 82, ✆ 860, V
H Flosdorff, Austr. 1, ✆ 970646, III
H Lindenhof, Laufenstr. 77, ✆ 4186, IV
H Perlenau, Perlenau 1, ✆ 2228, V
H Royal, Stadtstr. 4-6, ✆ 98770, III-V
H Burghotel, Laufenstr. 1, ✆ 2332, IV
H Graf Rolshausen, Kirchstr. 33, ✆ 2038, V
P Talblick, Veilchenstr. 29, ✆ 2861, II
P Hasenstübchen, Walther-Scheibler-Str. 23, ✆ 4189, III

Schleiden-Kneippkurort Gemünd

H Hotel Restaurant Dahmen, Aachener Str. 7, ✆ 2751, III
H Hotel Friedrichs, Alte Bahnhofstr. 16, ✆ 950950, V-VI
H Kurhotel Katharinenhof, Am Kurpark 5, ✆ 91260, IV
H Kurpark Hotel Gemünd, Parkallee 1, ✆ 95110, IV-V
H Hotel Haus Salzberg, Am Lieberg 31, ✆ 494, IV
H Hotel Zum Urfttal, Alte Bahnhofstr. 12, ✆ 95950, IV-V
Jugendherberge Gemünd, Im Wingertchen 9, ✆ 2241
Schullandheim Gemünd, Auf der Batterie 9, ✆ 2705

Simmerath-Einruhr

PLZ: 52152; Vorwahl: 02485
Rursee-Touristik, Franz-Becker-Str. 2, ✆ 317
H Landhotel Tal-Cafe, Erkensruhr 19, ✆ 414, V
H Sonnenhof, Am Hostertberg 41, ✆ 250, IV
H Seemöwe, Am Obersee 10, ✆ 271, V
H Paulushof, Seeufer 10, ✆ 02473/94950
P Christine, Matthias Zimmermann Str. 3, ✆ 938055
P Gästehaus Klausbend, Heilsteinstr. 6, ✆ 464

Simmerath-Rurberg

PLZ: 52152; Vorwahl: 02473
Rursee-Touristik GmbH, Seeufer 3, ✆ 9377-0
H Paulushof, Seeufer 10, ✆ 94950, V
H Ziegler, Dorfstr. 24, ✆ 2310, III-IV
Gh Genießer Wirtshaus, Hövel 15, ✆ 3212, IV
Jugenherberge Rurberg, L 166, ✆ 2200, I-II

Heimbach

PLZ: 52396; Vorwahl: 02446
Rureifel-Tourismus-Zentrale, An der Laeg 4, ✆ 805790
H Hotel Klostermühle, Hengebachstr. 106a, ✆ 80600, IV-V
P Schink, Am Eichelberg 26, ✆ 3694, III
P Haus Steinborn, Am Eichelberg 5, ✆ 3643, II
Heimbacher Campingplatz, Gut Habersauel, ✆ 437

Hergarten

H Hotel Lavreysen, Kermeterstr. 54-56, ✆ 911315, III
H Hotel Ritterstuben, Kermeterstr. 36-38, ✆ 95550, III
P Nationalpark-Gästehaus Heimbach Hergarten, Schulstr. 6, ✆ 8057915, II

Hasenfeld

H Hotel „Landhaus Weber", Schwammenaueler Str. 8, ✆ 222, IV-V
H Haus Thymian, Buchenweg 14, ✆ 1079, V
P Dabrunz, Schwammenaueler Str. 30, ✆ 3644, III
P Haus Diefenbach, Brementhalerstr. 44, ✆ 3100, V
P Landhaus zu den Weinbergen, In den Wingerten 6-8, ✆ 3350, III
P Haus Fernblick, Schwammenaueler Str. 29, ✆ 495, III
P Haus Greuel, Schwammenaueler Str. 29, ✆ 3357, III
Campingplatz Kohl, Kleestr. 71, ✆ 294

Hausen

Gh Haus Rurtal, Hausener Str. 3, ✆ 3502, III
Felsenblick Claudia Adam-Köhnen, Hausener Str. 21, ✆ 805677

Blens

H „Blenser Bauernstube", Odenbachstr. 1-3, ✆ 95950, IV
Campingplatz Rurthal, St.-Georg-Str. 99, ✆ 3377

Nideggen

PLZ: 52385; Vorwahl: 02427
Stadt Nideggen, Zülpicher Str. 1, ✆ 8090
H Ratskller, Am Markt 1, ✆ 94540, V
Jugendherberge Nideggen, Rather Str. 27, ✆ 1226

Schmidt

H Haus Seeblick, Monschauer Str. 55, ✆ 02474/311, IV-V
H Hotel Roeb „Zum alten Fritz", Monschauer Str. 1, ✆ 02474/477, V
Gh Restaurant „Rurseestübchen", Eschauel, ✆ 02474/998239
P Falter, Steinrott 4, ✆ 998910, II

Abenden

P Rosenzweig, Mühlbachstr. 1 / Kommweg 1, ✆ 6179, II-III

Berg

H Hotel „Rosenflora", Kirchstr. 2, ✆ 94040, IV-V

Brück

Campingplatz Hetzingen, Campingweg 1, ✆ 508

Rath

H Romantik-Landhaus „Christophorus", Rather Str.

147-151, ✆ 902499, IV-VI

Hürtgenwald

PLZ: 52393; Vorwahl: 02429

ℹ Gemeinde Hürtgenwald, August-Scholl-Str. 5, ✆ 3090

Gh Restaurant-Café „Mestrenger Mühle", Im Kalltal, ✆ 02474/1487

Zerkall

Gh Restaurant-Appartmenthaus „Gut Kallerbend", Kallerbend 1, ✆ 02427/1217

Simonskall

H Silence-Landhotel-Kallbach, Simonskall 24-26, ✆ 94440, V-VI

H Hotel-Restaurant Talschenke, Simonskall 1, ✆ 7153, IV-V

P Sonneneck, Simonskall 21, ✆ 7159; III

Vossenack

H Hotel „Zum alten Forsthaus", Germeterstraße 49, ✆ 7822, V-VI

Gh Sportlokal Rüttgers, Im Oberdorf 54, ✆ 901539

Kreuzau

PLZ: 52372; Vorwahl: 02422

ℹ Gemeinde Kreuzau, Bahnhofstr. 7, ✆ 5070

H Hotel Romantik-Landhaus „Christophorus", Bahnhofstr. 10-12, ✆ 02427/902499, IV-VI

Obermaubach

H Hotel-Restaurant „Seestube", Seestr. 2d, ✆ 8097

H Seeblick, Seestr. 12, ✆ 8051, II-III

P Naturfreundehaus Obermaubach, Bergsteiner Str. 58, ✆ 6351

Düren

PLZ: 52349; Vorwahl: 02421

ℹ Bürgerbüro der Stadt Düren, Markt 2, ✆ 252020

H Düren's Post-Hotel, Josef-Schregel-Str. 36, ✆ 28960, V-VI

H Zum Nachtwächter, Kölner Landstr. 12, ✆ 75081, IV

H Zur Post, Monschauer Str. 170, ✆ 62320, IV

Hg Kastanienhof, Dechnat-Bohnekamp str. 107, ✆ 902499, V-VI

Gh Gasthof Düren-Ost, Kölner Landstr. 79, ✆ 93660, III

Gh Gasthof Laufenberg, Cyriakusstr. 11, ✆ 503150, III

Lendersdorf

H Feron, Ardennenstr. 84, ✆ 52979, II-III

Birgel

Gh Zum Alten Brauhaus, Monschauer Landstr. 152, ✆ 61154, III

Rölsdorf

Hg Jägerhof Düren, Monschauer Str. 215-217, ✆ 96710, V

Pz Buttlar, Gürzenicher Str. 56, ✆ 962036, III

Gürzenich

H Hilgers, Schillingstr. 1 A, ✆ 67989, III

Mariaweiler

H Vier Jahreszeiten, An Gut Nazareth 1, ✆ 81144, III

H Mariaweiler-Hof, An Gut Nazareth 45, ✆ 98240, IV

Birkesdorf

Hg Etap Hotel, Am Langen Graben 9, ✆ 912920, III

Echtz

H Echtzer Hof, Steinbißstr. 18, ✆ 82479, III

Arnoldsweiler

H Arnoldusklause, Arnoldusstr. 50, ✆ 938000, V

Inden / Altdorf

PLZ: 52459; Vorwahl: 02465

H Gut Merödgen, Merödgener Str. 29, ✆ 99440, V-VI

Niederzier

PLZ: 52382; Vorwahl: 02428

ℹ Gemeindeverwaltung, Rathausstr. 8, ✆ 840

Gh Landgasthof „Alte Post", Hambacher Str. 2, ✆ 3502, IV

Selhausen

Gh Gaststätte Jonen's Eck, Römerstr. 2, ✆ 4280

Hambach

H Burg Obbendorf, ✆ 901240, V

Gh Hambacher Hof, Große Forststr. 61, ✆ 2492

Gh Gaststätte Müller-Maintz, Große Forststr. 176, ✆ 4708

Jülich

PLZ: 52428; Vorwahl: 02461

ℹ Stadtverwaltung Jülich, Neues Rathaus Große Rurstr. 17, ✆ 630

H Kaiserhof, Bahnhofstr. 5, ✆ 68070, V-VI

H Hotel-Restaurant Alte Post, Baierstr. 4a, ✆ 97170, V

H Hotel Am Hexenturm, Große Rurstr. 94, ✆ 97060, V

H Hotel Drei Musketiere, Lorsbecker Str. 11, ✆ 7111, V

P Haus Gabriella, Dr.-Weyer-Str. 11, ✆ 55053, V

Jugendzeltplatz Brückenkopfpark, Rurauenstraße, ✆ 02461/979519

Linnich

PLZ: 52441; Vorwahl: 02462

ℹ Stadtverwaltung Linnich, Rurdorfer Str. 64, ✆ 99080

H Hotel „Kupferkanne", Mahrstr. 6, ✆ 20377

P „Jägerhof", Rurstr. 33, ✆ 2033270

Gereonsweiler

H Hotel Pfingsten, Ederener Str. 36, ✆ 6919, II-IV

Kofferen

Gh Landgasthof Mc Müller's, Neusser-Str. 54, ✆ 4457, IV-V

Hückelhoven

PLZ: 41836; Vorwahl: 02433

ℹ RathaHückelhoven, Parkhofstr. 76, ✆ 820

H Hotel am Park, Jülicherstr. 11, ✆ 90990, V

Hg Friends, Berresheimring 1, ✆ 8370, VI

Baal

Gh Gaststätte „Baaler Eck", Aachener Str. 52, ✆ 02435/3544 od. 3285, II-III

Brachelen

Gh Gasthof Kaisersaal, Hauptstr. 90, ✆ II-V

Doveren

H Hotel-Restaurant „Doverener Mühle", Dammweg 14, ✆ 97960, V

P Görtz, Doverhahn 45, ✆ 931101, II-III

Ratheim

Hg Hotel-Motel Ohof 2000, Burgstr. 48, ✆ 954040, IV

Gh Gasthaus Jägerhof, Ratheimer Markt 9, ✆ 51629, III

Heinsberg

PLZ: 52525; Vorwahl: 02452

i Heinsberger Tourist-Service e.V., Valkenburger Str. 45, ✆ 131415

H Hotel Restaurant Corsten, Hochstr. 160, ✆ 1860, V

H Hotel-Café Fredo, Hochstr. 99, ✆ 1061272

Hg Köpi-Stube, Sittarder Str. 5, ✆ 62749, III

Dremmen

H Hotel Hansen, Erkelenzer Str. 59, ✆ 95850

Hg Gästehaus Sarah / Gasthof Sängerheim, Erkelenzer Str. 22 und 11, ✆ 61688, IV

Oberbruch

Gh Haus Nobis, Grebbener Str. 46, ✆ 64578, III

Waldfeucht

PLZ: 52525; Vorwahl: 02455

i Rathaus, Lambertusstr. 13, ✆ 3990

Haaren

H Braustube, Johannesstr. 10, ✆ 02452/8207, III

Gh Landgasthof Haus Lutgen, Paulisweg 40, ✆ 839, IV-V

Wassenberg

PLZ: 41849; Vorwahl: 02432

i Rathaus, Roermonder Str. 25-27, ✆ 49000

H Hotel-Restaurant Burg Wassenberg, Kirchstr. 17, ✆ 9490, VI

H Hotel-Restaurant Alt Wassenberg, Roermonder Str. 2, ✆ 3288, IV

H Hotel-Restaurant "Graf Gerhard", Graf-Gerhard-Str. 54, ✆ 902221, III-IV

Gh Zur Rennbahn, An der Rennbahn 2, ✆ 7480

Orsbeck

H Hotel-Restaurant "Zur Post", An St. Martinus 18, ✆ 3697, III-IV

Birgelen

H Hotel-Restaurant Rosenhof, Rosenthalerstr. 84, ✆ 3730, III-V

Ophoven

H Hotel Zur Mühle, Lindenstr. 2-4, ✆ 20428, IV

Effeld

H Landhaus Effeld, Dorfstr. 9, ✆ 20981, V

H Hotel-Restaurant Haus Wilms, Steinkirchener Str. 3, ✆ 890280, V

Wegberg

PLZ: 41844; Vorwahl: 02434

i Rathaus, Rathauspl. 25, ✆ 830

Wildenrath

H Hotel-Restaurant Esplanade, Friedrich-List-Allee 9, ✆ 4920, V

Arsbeck

P Haus Jacobs/Geneschen, Heiderstr. 103, ✆ 02436/804, II-III

Dalheim

P Cafe Rauschen GbR, Waldweg 16, ✆ 02436/382890, II-III

P Pfennings, Auf dem Kirchkamp 2, ✆ 02432/7577, II-III

Gh Timmermanns, Zum Thomeshof 4, ✆ 02434/91991, IV

Erkelenz

PLZ: 41812

i Rathaus, Johannismarkt 17, ✆ 02431/850

Gerderath

H Zur Burg, Genenderstr. 98, ✆ 02432/6328, IV-V

Klein Jouslar

Hg Landhaus Göddertzhof, Kleinbouslar 11, ✆ 02435/1066, IV-V

Vlodrop

PLZ: NL-6063; Vorwahl: 0475

H Boshotel Vlodrop, Boslaan 1, ✆ 534959, V

P Schoenmakers, Rothenbacherweg 4, ✆ 531413, III

Herkenbosch

PLZ: NL-6075; Vorwahl: 0475

H Landgoed Kasteel Daelenbroeck, Kasteellaan 2, ✆ 532465, VII

Roermond

PLZ: NL-6041; Vorwahl: 0475

i VVV Roermond, Kraanpoort 1, ✆ 335847

H Golden Tulip, Maalbroek 102, ✆ 348899, VI

H Hotel Roermond, Stationsplein 9, ✆ 316548, V

H Theaterhotel De Oranjerie, Kloosterwandplein 12-16, ✆ 391491, VI

H de Pauw, Roerkade 2, ✆ 316597,IV

H Cafe Willems, Godsweerdersingel 58, ✆ 333021,III

H De Oolderhofjes, Groeneweg 2, ✆ 333693, VI

BB De Waterviolier, Godsweerdersingel 32, ✆ 330612, V

Campingplatz Barten, De Weerd 62, ✆ 581310

Campingplatz Hatenboer, Hatenboer 51, ✆ 336727

Campingplatz / Yachthafen Hermans, De Weerd 1, ✆ 581679

Campingplatz / Yachthafen Marina Oolderhuuske, Oolderhuuske 1, ✆ 588686

Campingplatz / Yachthafen De Weerd, De Weerd 3, ✆ 581283

Campingplatz Niessen, De Weerd 92, ✆ 581300

Ortsindex

Einträge in *grüner Schrift* beziehen sich aufs Übernachtungsverzeichnis.